JN411755

푸른
하늘을
마시다

푸른 하늘을 마시다

차인 이근수의 녹차 이야기

문학동네

책머리에

『풀잎에 띄우는 연서』를 출간한 지 사 년이 흘렀습니다. 책을 내던 해 봄, 차밭에 뿌린 씨앗들이 어느새 무릎만치 자란 것을 보니 내년 곡우쯤이면 이 잎을 따서 처녀차를 덖을 수도 있을 듯합니다. 뉴욕에서의 교환교수생활을 마치고 강단에 복귀한 후에도 차와의 인연은 계속되고 있습니다. 인연은 이제 혼자만의 것이 아닙니다. 사람들이 모이는 곳마다 차가 말해지고 새로운 차들이 샘솟듯 쏟아져나오면서, 대학엔 차 학과가 생기고 차 전문지들이 늘어가고 있습니다. 요원의 불길처럼 세계도처로 번져가고 있는 한류바람 같다고나 할까요. 아니 한류바람 같은 것이 아니라 이것이 바로 한류일 것입니다.

차와 함께 떠나는 여행은 즐겁습니다. 뉴욕 주 이타카(Ithaca)란 도시에 있는 코넬 대학에도 가고 애틀랜타, 휴스턴, 덴버에도 가고 울란바토르와 하노이도 들러 왔습니다. 작년 여름엔 예일 대학과 디트로이트에서도 강연을 하고 돌아왔지요. 어느 곳이나 차를 알고 싶고 차를 마시고 싶은 사람들이 있습니다. 한국인, 중국인, 미국인 등 국적을 막론하고 어른과 아이, 학생 등 세대까지도 초월합니다. 만나서 정답게 앉아 차 이야길 들려주며 함께 차를 마시다보면 마음이 정갈해지고 어느새 자리가 따뜻해짐을 느낄 수 있습니다.

풀잎과 마주 앉아
우주와 앉아
마음을 모은다
산이 춤추며 온다
바다가 말하러 온다
(……)
시간과 공간의 이 큰
천둥 번개가 모두 나의 집
나의 몸이다.
풀잎과 앉아
벌 속에 나비로 날아
이 우주 이 무궁
삶은 신비다.
세상 전체가 향기다.

이성선 시인이 노래한 것처럼 차의 세계 속에서 삶은 신비이고 세상 전체는 향기입니다.

강의하는 틈틈이 주말을 타서 화개(花開)에 다녀오는 일도 계속되고 있습니다. 앞으로 화개천을 내려다보고 동북쪽 하늘 아래 지리산 제6경인 벽소령이 건너다보이는 바위산 언덕에 자리잡은 작은 차밭에 다녀오는 것입니다. 봄철의 화개는 이름 그대로 만개한 꽃마을입니다. 해마다 4월이면 화개장터에서 쌍계사까지 좁다랗게 뚫린 시오리 길 양쪽에 촘촘히 늘어선 벚나무들이 다투어 꽃을 피워냅니다. 화개천을 따라 동화 속 같은 터널을 이루는 숲길에 벚꽃과 어우러져 요염하게 피어난 홍도화가 남정네 가슴을 조용히 흔들어주는 곳, 꽃잎들이 눈송이처럼 흩날려 길가에 수북이 쌓여 도랑을 이루고 연못을 수련처럼 덮고 있는 모습은 그대로가 한 폭의 그림입니다. "우리나라 화개동은 술항아리 속의 별세계(東國花開洞 壺中別有天)"라던 고운 최치원의 시가 이곳을 노래한 것이란 생각이 왜 이제야 드는 것일까요.

청명 지나 곡우가 가까워오면 겨우내 움츠렸던 차나무에 새순이 돋고, 깃대처럼 뾰족이 솟아오르던 찻잎이 영글어갈 때 마음 졸이며 햇차를 기다려온 차인(茶人)들의 그리움도 함께 익어갑니다. 이때쯤 먼 산등성엔 산벚꽃들이 수줍은 듯 가슴을 열기 시작하고, 뜰 앞의 작은 꽃밭에 다투어 피어난 노란 장다리꽃, 하얀 백싸리꽃, 앉은뱅이 민들레꽃을 들여다보고 있노라면 저절로 시구가 떠오릅니다.

풀잎을 바라보며
아름다운 삶을 생각한다

이슬을 바라보며
깨끗한 삶을 생각한다

풀잎처럼
맑은 눈빛으로 삶을 마치고 싶다.

물방울처럼
울림의 삶으로 흐르고 싶다.

「풀잎을 바라보며」를 음송하며 갓 올라온 차봉지를 엽니다. '세계일화(世界一花)' 라 이름 붙인 여섯 통의 녹차 중에서 한 통을 골라 보내온 것입니다. 차가 다섯 가지 맛을 가졌다지만 이 차에는 그런 맛이 없습니다. '잡다한 음식맛이 사람의 미각을 상하게 한다(五味令人口爽)' 던 말을 따라 무미(無味)의 맛을 강조한 것일까요, 최상의 음악은 소리가 없는 것이라는 '지락무락(至樂無樂)' 의 경지를 보여주는 걸까요. 그러나 무엇보다도 이 맛 없음은 풀잎과 이슬을 바라보며 물방울 같은 울림의 삶을 살고자 하는 소박한 바람을 담은 것은 아닐는지요. 자연(自然)은 스스로 존재한다는 뜻입니다. 노자가 낙천지명(樂天知命)을 말했듯 주어진 그대로를 즐기는 경지야말로 참으로 자신을 깨달아가는 차인의 길이 아니겠습니까.

시간을 두고 한 편 두 편 써두었던 글들을 모아 두번째 책을 펴내면서 '푸른 화두를 마시다—차인 이근수의 녹차 이야기'란 이름을 붙였습니다. 첫 책 『풀잎에 띄우는 연서』가 차를 향해 보내는 가슴 설레는 첫사랑의 편지였다면 이 책은 진하게 발효된, 차인들을 향한 그리움의 노래라 할 수 있을 것입니다. 제1부 '산사의 서정'은 차가 있는 곳, 그리운 산사를 찾아 풀어내는 명상들입니다. 제2부 '그리운 사람, 그리운 하늘'은 뉴욕에서 차가 그리울 때마다 차문화 커뮤니티 '티박스'에 연재했던 칼럼들, 그리고 차와 함께 만났던 사람들의 이야기를 모은 것이고, 제3부 '차에 관한 사색'은 우리 차의 정신을 찾기 위해 오랫동안 궁구했던 생각의 열매들입니다. 한류문화의 뿌리임에도 우리가 관심을 두지 않았던 고유의 차문화를 조명하면서, 동북아 중심의 녹차문화권을 형성하자는 제안도 담고 있습니다. 다소 거칠고 먼 이야기처럼 들리지요. 그러나 아무리 먼 곳이라도 가까운 곳에서부터 시작되는 것이고 사람이라면 바람이 스스로 일어나는 곳을 알아야 하지 않겠습니까. 작은 물방울이 바위를 뚫는 것은 그 힘이 큰 때문이 아니라 오래가기 때문일 것입니다. 그리고 이 모든 것은 차에 대한 '순수하고(純)' '깨끗한(淸)' 사랑에서 비롯되어 '따뜻하고(溫)' '공손한(恭)' 마음으로 완성되어갈 수 있는 것이 아닐는지요.

차를 마시기 시작한 지 이십 년이 넘었습니다. 왜 그토록 매일 차를 마시느냐고 누가 묻는다면 지금도 '그냥 그리운 마음을 담아 마시는 차가 가장 맛있기에' 라는 대답밖에는 할 말이 없을 것 같습니다. 차와 함께했던 얼굴들 모두 그리워하며 이 책을 위해서 지난가을부터 같이 했던 문학동네의 편집자들과도 이제 편한 마음으로 차 한 잔 나누어야겠습니다.

2008년 1월

눈 덮인 고황산을 바라보며

후산(後山) 이근수

■ 차례

책머리에

제1부 산사의 서정

제2부 그리운 사람, 그리운 하늘

제3부 차에 관한 사색

제1부

산사의 서정

맑은 얼굴로
늘 한쪽 구석에서 조용히
웃고 있는 사람이 있다면
그에게 가겠다.

가을꽃은 풀잎 사이
이슬에 젖어서
그렇게 수줍은 얼굴로
나를 이끈다.

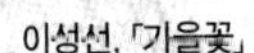
_ 이성선, 「가을꽃」

정으로 내는 차, 정으로 쓰는 글
—이만치 온 봄 아주 가버리기 전에

창밖 튤립나무에 3월 초부터 새 움이 돋기 시작하더니 어느새 아기 손가락 크기만큼 자라 가지 끝마다 맺혀 있다. 양쪽에 깃발 두 개씩을 거느리고 있어 작은 깃봉을 연상케도 하는 봉오리는 이미 완연한 연두색이다. 나뭇등걸 아래를 노랗게 덮은 개나리 옆에 자줏빛 진달래가 얼굴을 내밀고, 한 그루 벚나무가 늦봄의 성찬을 준비하듯 하루가 다르게 발갛게 물들어가고 있다. 양지바른 곳에 일찍 피어났던 목련은 벌써 힘없이 흰 꽃잎을 떨어뜨리고 있다. 3월 폭설과 함께 찾아온 때 아닌 늦추위가 온 산하에 재해를 불러왔지만, 교정의 봄은 여느 때처럼 찾아와 있는 것이다.

서울에 이만치 봄이 와 있으면 저만치 떨어진 남도의 봄은 어떤 모습일까. 산수유 피었다는 첫 소식이 오고 매화축제가 한창이니 다녀가라는 전갈도 두 번이나 받았다. 벚꽃 만개할 다음 주에는 상춘객 때문에

화개 벚꽃길. 해마다 3월이면 '우리나라에서 가장 아름다운 길' 위에서 새봄을 맞으려는 상춘객들이 불야성을 이룬다.

쌍계사 앞길이 막힐 터이니 미리 와야 한다는 전화를 받고서야 겨우 떠날 수 있었다. 섬진강을 따라 남원에서 화개로 이어지는 19번 국도엔 '당신은 지금 우리나라에서 가장 아름다운 길을 가고 있습니다' 란 표지가 날 안내하고 있었다.

달빛초당의 봄은 차밭보다 먼저 꽃밭에서 시작된다. 화단 가운데 피어난 한 송이 새빨간 동백꽃은 열정을 주체하지 못하고 춤추는 플라멩코 여인 같은 화려함을 가졌다. 수선화는 노란색 꽃잎 여섯 개가 치마처럼 둘러싼 한가운데 나팔꽃처럼 길게 뻗은 꽃대 속에 화심을 숨기고 있다. 화단 뒤쪽 응달진 곳엔 앉은뱅이 할미꽃 두 송이가 숨은 듯 피었다. 꽃송이가 솜털로 둘러싸여 있기에 할미꽃인가, 머리 숙여 땅을 보고 피었기에 할미꽃인가. 그러나 다소곳이 고개 숙인 채 고요히 피어 있는 보라색 꽃은 수줍은 새색시처럼 아름답기만 하다. 산에는 산수유를 닮은 차매화(茶梅花)가 군데군데 피어 있다. 작년에 옮겨 심은 오죽(烏竹)이 까만 몸통을 드러내고 고로쇠나무, 엄나무, 토종 밤나무 들도 띄엄띄엄 자리를 잡았다. 조팝나무엔 조이삭 같은 꽃들이 까맣게 엉켜붙어 있다.

산 중턱엔 두 사람이 앉을 만한 좌선대가 마련되어 있다. 비를 가릴 수 있을 만치 앞으로 튀어나온 천연 암벽이 뒤를 받치고 섰고, 앉은 자리에선 아래편으론 차밭이, 남동쪽으론 월출봉이 건너다보인다. 월출봉보다 가까운 곳에 정면으로 마주 보이는 또하나의 봉우리는 아직 이름이 없다. 날개를 길게 펼쳐내린 채 당당하게 서 있는 모습이 공작새의 고고한 위용을 연상케 하니 공작봉(孔雀峰)이라 이름할까. 서쪽 하늘엔 하얀 낮달이 걸렸다. 초승달이다. 벽사(碧沙) 김필곤은 초당을 비추는 따뜻한 달빛에 매료되어 이곳을 떠나지 못하고 그가 만드는 차에 달빛차란 이름을 붙였다. 찻잎 따는 시기에 따라 초승차와 상현차, 보름차로 구별한다는 이야기를 들으면서 차를 우려낸다. 녹차는 이미 떨어진 지 오래고 남은 것은 한 줌의 달빛차뿐이란다. 문덕산을 돌아 흐르는 벽사천 작은 계곡 너머 산이 두견산(杜鵑山)이다. 소쩍새 울음소리가 들리는 곳이니 소쩍산이라고 불러도 좋겠다. 오래 지속된 겨울가뭄 끝에 뒤늦게 찾아온 추위로 동해(凍害)를 입어서인지 찻잎들이 생기가 없고 끝이 낙엽 색깔로 변한 채 말라 있다. 예년보다 차 수확이 한두 주일은 늦어진다니, 녹차가 다 떨어져 곡우 차 나오기만을 애타게 기다리고 있을 차꾼들의 실망할 모습이 눈에 선하다.

산정(山情)은 차정(茶情)과 통하고 차정은 문정(文情)과도 통하는 것 같다. 뜨뜻하게 군불 들인 사랑방에 누워 책을 펼쳐들곤 수필 한 편을 쓰기 위해 종이를 꺼낸다. 연구실에선 컴퓨터가 어울리지만 이곳에선 만년필이 제격이다. 요즘 가지고 다니며 읽는 책은 치옹 윤오영, 근원 김용준, 상허 이태준의 수필이다. '방망이 깎던 노인' '근원수필' '무서록' 이라는 제목을 가졌다. "수필은 재(才)로 쓰는 것이 아니라 정(情)으로 쓰는 것"이라는 치옹의 말을 글 쓸 때마다 한 번씩 떠올린다. 속기를 잔뜩 부린 멋들어진 글이나 붓 가는 대로 쉽게 쓰는 글들이 수필이란 이름으로 만연하고, 목적을 따지는 글만이 난무하는 요즘 글계에서 보석처럼 간직하고 싶은 말이다.

우리 차계(茶界)도 이러한 풍조를 닮아가는 것은 아닐까. 차 모임들이 지나치게 겉멋에 치우치고 차 마시는 목적을 앞세우면서 정작은 차의 정을 잃어가고 있는 세태가 안타깝다. '인정(人情)이 비록 진솔함만 못하다 하더라도(情莫若率)' '세상의 예도 근본은 정으로부터 나온다(禮出於情)' 하지 않았던가. 이 봄이 저만치 가버리기 전에 진솔한 마음으로 한자리에 앉아 정이 가득 담긴 차 한 잔이라도 나누면 어떨는지. 어느새 소리 없이 지고 있는 꽃잎을 보며 다시 찾아올 내년의 봄을 기다리듯, 새순처럼 돋아나는 차정을 그리워해본다.

아직도 오히려 사랑할 줄 아는

—그리움의 차도

금요일마다 거르지 않고 광주(光州)에 내려갈 일이 생겼다. 일부러 이런 기회를 만든 것인지도 모른다. 일을 마치고 올라오는 토요일엔 아예 여행 계획을 세워놓는다. 때로는 목요일쯤 미리 떠날 때도 있는데 대개는 기차를 타지만 지난주엔 수요일 밤늦게 차를 몰고 출발했다. 단풍의 절정기를 비켜난 즈음, 그러나 겨울이 오기 전에 지리산 낙엽 깔린 등산길을 걷고 싶었던 때문이다. 섬진강 물줄기를 따라 남쪽으로 하동까지 뻗어 있는 19번 국도를 타고 가다가 쌍계사 쪽으로 꺾어들어 화개천을 거슬러오르면 지리산 남쪽 등산로 입구가 나온다. 화개천 중간쯤 물줄기가 굽이치면서 급히 꺾어지는 곳에 고운이 친필로 새겼다는 세이암(洗耳岩)이란 이름이 보이고, 위쪽으로 제일 높은 언덕에 서 있는 정자가 세이정이다.

칠불사(七佛寺) 쪽으로 더 들어가다보면 길에선 보일 듯 말 듯한 산자락에 은둔해 사는 선비의 움막 한 채가 숨겨져 있다. 사립문 밖에 가로놓인 커다란 바윗돌에 달빛초당이란 노란 글씨가 새겨진 곳이다. 뒷산이 문덕산이고 산 틈새를 흘러내리는 작은 계곡엔 구폭동(九瀑洞)이란 선계의 이름이 붙어 있는 곳, 경사진 산비탈 바위틈마다 야생의 건강한 차나무들이 자라고 있다. 검정 고무신을 신은 초당 주인은 산양처럼 잰걸음으로 바위틈을 오르내리며 잡초를 뽑고 정성스레 찻잎을 돌보아준다. 어제까지 비가 오고 날씨도 차가웠는데 오늘은 씻은 듯이 하늘이 개고 햇볕이 따스하다며 반갑게 맞아준다. 작년 여름 출국을 앞두고 들렀었는데 어느새 일 년이 흘렀지만 여전히 청년의 얼굴 그대로다. 사시사철 푸르름을 잃지 않고 오롯이 살아 있는 찻잎의 생기와 늘 함께하기 때문일까.

늦여름부터 피기 시작한 차꽃이 아직도 차밭 그득하다. 하얀 꽃잎 중심에 노란색 꽃술을 가득 담고 함박웃음을 짓고 있는 복스러운 꽃이다. 여름에 땅에 떨어진 차의 씨앗은 흙 속에서 한겨울을 견딘 후 내년 봄에는 새로운 싹을 틔울 것이다. 열매가 먼저 열리고 꽃이 늦게 피기에, 아니 금년에 핀 꽃이 내년에나 열매를 떨어뜨리기에 차나무도 저 상사초(相思草)처럼 서로를 그리워하지만 만날 수는 없는 상사목(相思木)이라 부를 수 있을지 모르겠다. 한 잎 두 잎 낙엽 지는 가을날, 지나온 시간의 먼 밖에서 맑은 영혼의 잉크를 듬뿍 찍어 써보는 가을 편지처럼 '그리움의 차도(茶道)' 도 여기에서 비롯되는 것은 아닐는지.

잎이 떨어지고 있습니다.

원고지처럼 하늘이 한 칸씩
비어가고 있습니다.
그 빈 곳에 맑은 영혼의 잉크물로
편지를 써서
당신에게 보냅니다.
사랑함으로 오히려
아무런 말 못 하고 돌려보낸 어제
다시 이르려 해도
그르칠까 차마 또 말 못 한 오늘
가슴에 고인 말을
이 깊은 시간
한 칸씩 비어가는 하늘 백지에 적어
당신에게 전해달라
나무에게 줍니다.

—이성선, 「가을 편지」 전문

불일폭포를 지나 삼신봉으로 통하는 등산로를 반쯤 오르다가 일찍 어두워지는 늦가을 해를 넘어다보면서 하산하기 시작한다. 오늘은 불일산장에도 인기척이 없다. 초당으로 돌아와서는 군불을 뜨끈히 지펴놓은 황토방에 마주 앉아 차를 나누기 시작한다. 한철에는 발효차를 만들기 위한 숙성실로도 쓰이는 방이다. 곡우 이후에 딴 찻잎을 삼분의 이쯤 발효시킨 차에 그는 '달빛차' 란 이름을 붙였다. 짙은 호박색을 띤 맑은 빛깔의 차가 잔 가득 부어진다. 그리움의 빛깔이다. 호박(琥珀)이 가치 있는 것은 그 속에 녹아 있는 시간이 눈에 보이기 때문일 것이다. 그러나 그것만은 아니다. 녹아 있는 그 시간이 아름답기 때문이다. 지난 봄의 기억이 함께 떠오른다. 부드럽게 연녹색을 띠는 녹차를 내면서 그때는 그리움은 이런 빛깔일 것이라고 생각했었다. "그런데 그리움의 대상은 무엇이지요?" 그가 다시 물었다. 미당의 시가 떠오른다.

눈이 부시게 푸르른 날은
그리운 사람을 그리워하자

저기 저기 저 가을 꽃자리
초록이 지쳐 단풍 드는데

눈이 나리면 어이 하리야
봄이 또 오면 어이 하리야

— 서정주, 「푸르른 날」 중에서

언젠가 뉴저지에 있을 때 '은혜로운 노인들의 친구(Friends of Graceful Seniors)' 란 비영리 단체에서 첫번째 차 강의를 하던 중의 에피소드가 생각난다. 그 단체는 예순 살 이상의 은퇴한 의사들이 주류를 이루고 있는 모임이다. "노인들은 대개 경제적으로나 시간적으로는 여유가 있지만 주위가 외롭기에 따뜻한 것을 좋아하는 특성을 갖지요." 그들에게 차생활을 권고하기 위해 이렇게 말문을 열어갈 때였다. 한쪽 끝에 앉아 있던 여의사 출신의 수강생 한 분이 갑자기 말을 가로막았다. "미국에선 노인들이 외롭지 않아요. 우리도 외로운 사람들이 아니고요." 순간적으로 나는 당황했지만, 내가 응시한 그 얼굴에 숨겨져 있던 것은 누구보다 더한 외로움이 아니었을까. 아니 그분만은 아닐 것이다. 우리들은 모두 외로운 존재들이기에 언제라도 그리움의 대상이 필요한 것은 아닐는지.

차를 따르는 팽주(烹主)의 손길이 아름다운 것은 그 손끝에 녹아 있는 시간의 깊이 때문일 것이다. 찻물의 빛깔이 호박색이든 연녹색이든 그곳엔 자연에 대한, 그리고 사람에 대한 그리움이 체화되어 있다. 봄날의 연녹색을 다가올 미래에 대한 떨리는 그리움이라 표현한다면, 가을차가 빚어내는 호박색은 시간이 듬뿍 녹아 있는 아련한 슬픔 같은 그리움이라고 할 수 있지 않을까. 이 그리움은 미당이 노래한 대로 아직도 사랑할 수 있는 세월에 대한 낙관 때문은 아닐는지.

오게
아직도 오히려 사랑할 줄을 아는 이.
쫓겨나는 마당귀마다, 푸르고도 여린
문들이 열릴 때는 지금일세.

— 서정주, 「가을에」 중에서

다섯번째 향기
—정혜사 금선대에서

수덕사 대웅전 뒤를 돌아 염주알을 세듯 한 발짝씩 걸음을 내디디며 이천 개 돌계단을 올라온 곳엔, 홀연히 개마고원같이 널따란 평지가 나타난다. 정혜사(定慧寺)가 자리잡고 있는 절터 앞마당이다. 한가운데 오래 묵은 돌탑과 함께 작은 소나무정원이 꾸며져 있고, 그 앞에서 낭떠러지 경계까지 넉넉히 떨어진 공간 끝에 휘어진 소나무 한 그루가 서 있다. 내려다보면 일망무제(一望無際) 꼬리를 물고 펼쳐진 먼 산들의 모습이 마치 겹겹이 밀려오는 서해의 파도를 연상케 한다. 남쪽이 홍성읍이고 동쪽으로 오뚝하니 솟아 있는 연봉(蓮峰) 너머가 예산읍이란다. 행정구역상으로 예산군 덕산면 덕숭산 수덕사(禮山郡 德山面 德崇山 修德寺). 산(山) 자 세 개와 덕(德) 자 세 개가 겹쳐진 곳에 예(禮) 자와 숭(崇) 자, 수(修) 자까지 받쳐주고 있으니 범상한 기운으로는 풀 수 없는 도량처임이 분명하다. 반세기 전, 당신께서 섰던 자리가 바로 여기쯤이고 바라보았을 산들이 저런 모습이었을까. 예산읍에서 의원을 개업하고 환자를 돌보아주던 선친께서는 가끔 이곳 정혜사를 찾았다고 한다. 몸 아픈 스님들을 진료해주기 위해서였는지도 모른다. 그 자리에 이제는 당신의 아들이 서서 먼 산들을 다시 바라보고 있다. 무슨 인연일까. 부모님과 사 남매가 대웅전 앞 칠층석탑 앞에서 함께 찍은 누렇게 변색된 가족사진을 꺼내보며 이러한 의문을 떠올려본다.

경허와 만공의 맥을 잇는 어느 선승 대덕을 만나볼 수 있을까, 산기(山氣) 가득한 곳에 세워진 암자에서 나어린 다각승과 차 한 잔이라도 나눠 마시며 새로운 차 인연이라도 맺을 수 있을까, 덕숭산을 지키는 산신령을 만나 전생의 복업을 풀어볼 수 있을까. 오래도록 벼르던 수덕사 불행(佛行)에 나서며 머릿속을 스쳐간 생각들이었다. 불제자로서 남양주에 백련사란 자그마한 불당을 세운 누나와 요즘 한창 『능엄경』 읽기에 빠져 있다는 여동생이 동행이었다. 서해안고속도로를 타고 남행하여 해미 나들목을 빠져나온 후 홍성 쪽으로 들어서니 금방 수덕사를 가리키는 팻말이 나타났다. 안거 해제를 두 주일 정도 남겨놓고 있는 절 경내는 고즈넉했다. 사진에 보이던 대웅전 앞 그때의 칠층석탑은 어디론가 옮겨지고, 지금은 더 오래된 듯한 삼층석탑이 자리를 차지하고 있는 것이 금방 눈에 들어왔다. 돌계단을 걸어오르는 대신 꼬불탕하게 끊어질 듯 이어지는 험한 오르막길, 포장은 되어 있지만 서툰 운전으로는 아예 엄두도 내지 말아야 할 위험한 산길을 곡예하듯 올라갔다. 청록색 테를 두른 검은 목판에 흰색 행서체로 단정하게 쓰인 정혜사 현판이 정면에 걸려 있다. 해강 김규진의 글씨다. 본당 옆으로 능인선원(能仁禪院)이 나란히 서 있고 뒷산 중턱에 관음전이 보름달처럼 걸려 있다. 정혜는 선정(禪定)과 지혜(智慧)의 합자일 것이다. 선정이 지혜의 몸이고 지혜가 선정의 쓰임이라면 정과 혜는 둘이 아닌 하나일 터, 차가 물의 신이고 물은 차의 몸이기에 차와 물은 둘이 아니고 하나일 수밖에 없다는 『동다송東茶頌』의 한 구절이 머리를 스친다. 그래서 선다일미(禪茶一味) 혹은 다선일체(茶禪一體)란 말이 생겨난 것일까.

오전 수행을 마친 현각(玄覺)이 경내를 안내하기 시작한다. 『만행 — 하버드에서 화계사까지』를 쓴 푸른 눈의 미국인, 대학을 다니는 동안 그곳을 방문한 숭산(崇山) 스님 법회에 참석했다가 말씀에 충격을 받아 머리를 깎고 한국으로 온 바로 그 스님이다. 서울 화계사에 적을 두고 있지만 안거를 위해 이곳에 내려와 있다고 한다. 일엽 스님으로 유명한 비구니 암자인 견성암(見性庵)이 멀리 보이고 아래쪽 가까운 곳, 이천 개 돌계단이 숨 가쁘게 끝나는 자리에 만공 선사 사리탑이 있다. "세상은 한 송이 꽃, 백 가지 초목들이 곧 부처님이니 천 번 생각함이 한 번 행함만 같지 못하다(世界一花 百艸是佛母 千思不如一行)"란 스님 말씀이 탑비에 새겨져 있다. 불법수행에서 남녀평등을 주창하며 비구니 선원을 처음 열었던 이 나라 참선의 본가, 이백 명 승려들이 일하지 않으면 먹지 않았다는 우리 불교의 든든한 전통이 현각의 능숙해진 한국어를 통해서 그림처럼 전달되어온다. 경허, 만공, 고봉, 숭산의 내력을 지금은 설정(雪靖) 스님이 이어받고 있다. 금선대(金仙臺) 진영각(眞影閣)

에 올라앉으니 현각이 팽주를 자청한다. 어느새 차 자리에도 일가견이 생긴 모양이다. 같이 앉은 법륜 스님이 깊이 간직해놓았던 차 한 봉지를 꺼내온다. 차통도 차명도 없지만 맛이 익숙한 것을 보니 화개 달빛초당에서 만든 녹차임이 분명하다. 어찌하여 많이 만들지도 않고 시중에서 판매도 되지 않는 문덕산 초부의 차가 이곳까지 흘러들어와 제 맛을 기억해주는 인연을 만날 수 있었을까 하고 생각하며 정성스레 우려내준 찻잔을 받는다. 방 안 한쪽 벽 깊숙한 곳에 모셔진 경허, 만공, 혜월 세 분 선사의 진영이 차 마시는 우리들의 마음을 들여다보고 있는 듯하다.

찻잔에 매화 붉게 필 때

앞산을 낮게 나는 새가
그 발을
찻잔 물에 적시고 지나간다

허공에 갑자기 향기 감돌고
저녁 저 발이
누구의 가슴에 깊어지는데

새는 어디에 닿는가

닿고 닿지 않음

도달하고 도달하지 못함을

침 뱉듯이 보는 이가

내 뒤에서 조용히 차를 들고 있다.

—이성선, 「산중다인—산시 38」 전문

'정좌처 다반향초(靜座處 茶半香初)'라는 완당(阮堂)의 글씨가 있다. 큰스님 영정들이 모셔진 자리에 승속 구별 없이 둘러앉은 차 자리가 한창 무르익어간다고 느꼈을 때 방 안엔 어느새 신묘한 향기가 깃들기 시작한다. 예로부터 전해지던 진향(眞香), 난향(蘭香), 청향(淸香), 순향(純香)의 네 가지 차향에 더하여 뿜어져나오는 다섯번째 향기임이 분명하다. 좋은 찻잎이 진향을 내고 잘 덖어낸 차가 난향을 내며 알맞게 우려낸 찻물이 청향을, 다기의 순수함이 순향을 내는 것이라면 지금 방 안에 감도는 이 향기는 분명 함께한 사람들이 어울려 내는 마음의 향기(心香)일 것이다. 물은 낮은 곳으로 흐르고 때가 되면 꽃이 피듯 고요히 앉은 자리에서 일어나는 심향 가득히 퍼진 곳에 '자연히 뚫려 있는 골짜기처럼 즉시에 깨달아 본래의 마음을 체득한다는(卽時豁然 還得本心)' 신묘한 작용이 일어난 것인가. '내 마음에 스스로 부처가 있네, 스스로의 부처가 바로 진불인 것을(我心自有佛 自佛是眞佛)' 왜 모른 채 살고 있는 것일까. 육조 혜능(慧能)의 가르침이 바람결에 실려 저 멀리 골짜기 아래로부터 불어오는 듯하다.

가을의 기도

—연화산 옥천사에서

가을의 기도는
잎 떨어진 나무 아래서
자신을 비우는 일이다

맑게 쓸어논 마당에
한 잎씩
새로 낙엽을 앉히듯

그렇게 비어가는 자신을
지켜보는 일이다.

서리빛 가지에

외로운 마음 비추어보고

비추어보고

홀로 떠날 준비를 하며

두 손으로

물을 마시는 일이다.

— 이성선, 「가을의 기도는」 전문

잎 떨어져가는 나무 아래서 자신을 비워보고 싶은 마음에 홀로 떠날 준비를 하며 계획한 여행이었다. 설악산에서 남하하고 있는 단풍 소식은 아랑곳도 않은 채 아직도 여름의 푸르름을 자랑하고 있는 남녘 차밭에선 이미 한두 송이씩 하얀 차꽃이 봉오리를 열어가고 있었다. 꽃이 피는 아랫가지엔 작년에 여물었던 차열매가 다갈색 씨앗을 품은 채 그대로 매달려 있고, 튼실한 밤송이들이 툭툭 떨어져내리는 청명한 하늘을 올려다보면 새털 같은 잔구름이 무리를 지으며 한가롭게 떠다니고 있었다.

진주에서 출발하여 고성 쪽으로 난 1007번 지방도로를 타고 이십 킬로미터쯤 남하하다보면 오른쪽으로 연이은 산봉우리들이 펼쳐진다. 한때는 비슬산(琵瑟山)이라고도 했던 옛 산이 연화산(蓮華山)이라고 불리기 시작한 것이 고려 인조 때부터인데, 산이 반쯤 핀 연꽃을 닮았기 때문이란다. 연꽃의 화심에 해당하는 곳에 맑은 물이 솟기에 샘 이름을 따서 옥천사(玉泉寺)가 세워졌다. 문무왕 때 의상 대사가 창건한 화엄 10찰로, 한때 가야 지방의 본찰이었던 유서 깊은 절. 임진란 때 불탄 후 몇 번의 중창을 거듭하긴 했지만, 아직도 고색창연한 시간의 풍모를 간직하고 있는 곳이다. 전래되어오던 문화재들을 보존하기 위해 절 경내에 이층으로 지은 유물전시관인 보장각(성보박물관)에는 고려 고종(1249년) 때 제작되어 보물 제495호로 지정된 '임자명반자(壬子銘飯子)' 가 원형 그대로 보존되어 있고, 이 절에서 득도수련한 청담 스님의 글씨며 그림 등 유품들이 잘 정리되어 있다. 청담과의 인연은 열반 시까지 이어져 스님의 사리를 모신 사리탑도 경내 한구석을 차지하고 있다.

이 절 어디쯤에서 반개한 연꽃의 모습을 발견할 수 있을까. 연꽃을 닮은데다 좋은 물까지 있는 절이니 당연히 차가 있을 것이란 생각에 절을 찾기 전부터 품어왔던 궁금증이었다. 사천왕문을 지나 돌계단을 서른 개쯤 걸어 오른 곳에 펼쳐진 너른 마당 끝에 일자형으로 서 있는 목조건물인 자방루(滋芳樓)를 발견할 때까지도 나는 이런 기대에 부풀어 있었다. 자방루 오른쪽에 작게 난 해탈문을 통해 경내에 들어섰다. 대웅전까지의 사이에 좁은 뜨락이 있고 좌우편에 적묵당(寂默堂)과 탐진당(探眞堂)이 앉았다. 정사각형으로 배치된 네 채 건물의 기와지붕이 맞닿을 듯이 둘러싸고 있는 고즈넉한 공간에 서서 대웅전 위를 올려다보면 용마루 너머로 보이는 것이 매봉이고, 아래쪽으로는 지붕 너머로 물무덤이재 높은 봉우리가 눈에 들어온다. 대웅전 오른쪽에 팔상전(八相殿)과 금당(金堂), 그 뒤편으로 숨어 있는 작은 동굴 속에 옥수가 솟는 샘이 있어 지붕을 얹어 옥천각(玉泉閣)이란 현판을 달고 옆에는 옥천비를 세웠다. 이제 이 물로 우려낸 차 한 잔을 마셔야 할 때이다. 그러나 웬일일까, 주지스님은 출타중이고 금당 앞에서 만난 스님에게 차 한 잔을 달라고 해봐도 절에는 차가 없단다. 스님은 목마를 때 앞마당 자판기에서 커피를 뽑아 먹는다며 뒷산에 차나무가 좀 있을 터이지만 돌보질 않아서 찾기가 어려울 것이란 말을 덧붙여준다.

절은 앞뒤로 두 개의 암자를 끼고 있다. 일주문에서 본당에 이르기 전 왼쪽 길로 사백 미터쯤 오른 언덕에 청련암이 있고, 본당 뒤쪽으로 호젓한 산길을 삼사백 미터쯤 올라간 곳에 백련암이 자리잡았다. 조각구름처럼 두둥실 떠 있는 듯한 암자 앞에 선다. 순간적으로 코앞에 닿을 듯 우뚝 서 있는 세 개의 봉우리가 나타난다. 험하지도 않고 낮지도 않으면서 부드러운 능선과 젖가슴 같은 완만한 굴곡을 만들며 뫼 산(山)자로 펼쳐진 모습이 분명히 반개한 연꽃 모양이다. 아, 바로 이곳이었구나. 이 절에서 연꽃을 볼 수 있는 자리가! 스님은 오랫동안 출타중인 듯 마루 위에 묵은 우편물만 수북이 쌓여 있고, 공양주 보살 한 분이 사람이 그리웠던 듯 쉬고 가라고 붙잡는다. 그러나 이곳에도 차는 없다. 실망한 마음으로 산을 내려오며 혹시나 하고 차나무를 찾아 헤매다보니 멀지 않은 길섶에 낯익은 잎들이 눈에 들어온다. 풀숲에 가려 차나무인지 산풀들인지 선뜻 눈에 뜨이진 않았지만, 윤기나는 두꺼운 녹색 잎 모양이 분명한 찻잎이고 한두 그루가 아니라 군락을 이루며 자생하는 야생 차나무밭이다.

탐스럽게 영근 차열매. 노상 찻잎을 끼고 사는 차 애호가들 중에서도 차열매를 직접 보았다는 이는 많지 않다.

산에서 내려와 다다미가 깔려 있는 자방루의 너른 대청에 오른다. 광문처럼 두꺼운 송판으로 짜인 창문은 모두 닫혀 있다. 이 문을 모두 열어젖히고 뒷산에서 따온 잎으로 덖은 차를 옥천에서 길어온 샘물로 우려내 마실 수 있다면 이곳이야말로 차와 선이 하나가 되는 다선일체, 천혜의 차 자리가 아닐까. 그것은 언제일까? 이 절에 차가 다시 살아나는 날, 그때는 연화산 신기(神氣)가 모두 모여 화심으로 수렴하면서 임자명반자의 징소리 새로 울기 시작하고, 자방루 앞 한쪽 구석에 옹색하게 서 있는 청담 선사의 사리탑에서 우레 같은 법어 소리 다시금 울려오지 않을까. 어둑어둑해지는 진입로를 걸어내려올 때 맑은 산 냇물도 함께 흘러내린다. 절길을 따라 흘러내린 계곡물은 산기슭에 이르러 커다란 호수를 만들어놓았다. 삼각형 연지(蓮池)가 석양빛을 받으며 반쯤 드리운 산그늘을 거울처럼 담고 있는 모습이 전설처럼 아름답다. 다산은 차를 마시는 민족이 흥한다고 했는데 차가 자라나야 할 곳에서 차밭이 버려지고 차스님조차 사라진 것이 화엄대찰 옥천사가 지도에서조차 점차 잊혀져가는 진정한 이유는 아닐는지. "모든 것이 그때 그 자리에 놓이면 아름답지 않은 것이 없다"던 치옹의 말이 내내 머릿속을 맴돌고 있었다.

풀잎 외로움 하나에도 고요한
—불일암과 일지암에서

옥천사를 떠나 남해도 끝자락의 보리암과 돌산도 암벽 위에 얹혀 있는 향일암에 올랐다가 돌아온 지 며칠 지나지 않았는데 다시 여행 계획이 잡혔다. 송광사와 해남의 대흥사, 미황사를 거쳐 땅끝(土末)까지 다녀오는 2박 3일 여정이었다. 생애 처음으로 남도여행을 단단히 계획하고 뉴욕에서부터 날아온 부부가 동행이었다. 미국에 정착한 지 삼십칠 년, 네 자녀를 모두 키운 후 평생 동안 몸 바쳐온 의사직에서도 은퇴하여 뉴욕 시 교외에 살며 만년의 황금기를 보내고 있는 상락(常樂) 거사 부부를 처음 만난 것은 지난여름 뉴욕에서였다. 미국에 올 때면 들르신다는 법정 스님과의 인연으로 차를 처음 알았는데, 스님이 보내주시는 차를 마시면서 차에 관한 책들을 구해 읽다보면 어디서나 다산초당, 일지암, 초의 선사 이야기가 빠지지 않기에 귀국하면 꼭 한번 찾아보아야겠다고 생각했다는 그들이었다. 첫사랑에 빠진 소녀처럼 부부에게서는 싱그러운 차인의 향기가 풍긴다. 송광사에 도착한 것은 저녁 늦은 시각이었다. 스님께 잠자리를 부탁해놓았지만 절 경내로 들어서기엔 너무 늦은 시각이기에 새벽예불에 참가하고 싶은 마음을 억누른 채 절 밖에서 머물기로 했다.

새벽에 눈을 뜨자마자 경내로 들어섰다. 신라 말에 창건되어 열여섯 명의 국사와 수많은 고승들을 배출했기에 법보(法寶)사찰 해인사, 불보(佛寶)사찰 통도사와 함께 승보(僧寶)사찰로 손꼽히는 절이다. 대웅전 뒤에 관음전이 있고, 관음전을 반 바퀴 돌아 전각 뒤로 가파른 돌계단을 서른 개 올라서면 계단이 끝나는 곳에 고색창연한 석화(石花)를 머금고 선 보조 국사의 사리탑이 있다. 송광사 삼십여 개 크고 작은 가람(伽藍)이 한눈에 내려다보이는 자리이다. 백두대간이 남해바다로 흘러내리다가 잠깐 숨을 고르며 멈춰선 모양의 조계산을 반쯤 물들인 단풍이 가장 잘 느껴지는 곳, 두 눈으로 들어와 온 가슴을 적시는 오색 물결이 끝없이 일렁인다. 하나둘씩 사람들의 발길이 잦아지기 시작할 때 우리는 감로암과 불일암을 찾아 절길을 내려온다. 불일암 가는 길은 외롭다. 몇 번을 물었지만 입구를 찾기가 쉽지 않다. 구산선문(九山禪門) 앞에서 왼쪽으로 난 작은 오솔길 입구에 조그만 돌 이정표가 서 있고, 거기에 그려넣은 'ㅂ' 자의 붉은색이 퇴색되어 여간한 눈이 아니면 읽어낼 수 없기 때문이다. 오솔길로 들어서기 전, 오른쪽에 구산선문이 있다. 배춧잎 하나도 소홀히 버리지 않는다는 조계청풍(曹溪淸風)의 본산에 들어서기 위해서는 입구에 서 있는 아름드리 느티나무의 한가운

데에 뻥 뚫린 터널을 통과하면서 몸과 마음을 깨끗이 해야 한다. 마른 나뭇등걸 속에 사람 하나 겨우 지나갈 만하게 열어놓은 문을 지나며 문득 시 한 편을 떠올린다.

비어 있음으로
오히려 가득 채우는
보이지 않음으로
오히려 내 심장을 숨쉬게 하는

하늘 높이 푸른 살을 적시고
가장 낮은 땅
풀잎 외로움 하나에도
고요히 뺨을 부비는

시간도
공간도 다 비껴서서
거저 세상에 열어놓은
투명한 사랑
그리고
문(門)

—손종호, 「공기의 꿈 1」 전문

송광사 구산선문

피안을 향해 열린 해탈문이 아니다. 세속의 온갖 어지러움과 고통의 바다를 바라볼 수 있는 투명한 문이며 헤매는 중생들을 위해 열어놓은 사랑의 문인 것이다. 문을 통과한 곳에 구산(九山) 수련(秀蓮)의 사리탑이 있다. 법정과 함께 효봉의 제자이면서 오랫동안 송광사 방장으로 지내며 지금과 같은 대규모 중창을 계획했던 스님이지만 동행한 부부에게는 이보다 더한 특별한 인연이 있다. 삼십 년 전 미국에 오셨을 때 두 차례나 집에 머물면서 남편에게 상락이란 호를 지어주신 것이다. 지금도 뉴욕 집에는 '佛' 자를 길게 내려쓴 스님의 친필 휘호 두 개가 걸려 있다. 이십 년 전에 스님이 열반에 드셨다는 소식을 접했지만, 이제 이곳에 와 사리탑을 돌면서 느끼는 그들의 감회는 특별할 수밖에 없다.

불일암으로 통하는 오솔길에 들어서 이십 분 거리의 호젓한 산길을 걷는다. Y자로 갈라지는 길에서 오른쪽으로 가면 강원암이고 왼쪽 길로 들어서면 바로 대나무로 엮은 작은 사립문이 나타난다. 법정 스님이 떠난 후 불일암을 지키고 있는 덕현 스님도 오늘은 자리를 비웠다. 인적이 끊긴 산중에서 차 한 잔 대신 물 한 모금을 마시고 꼭꼭 닫힌 열 평 남짓한 암자를 탑돌이하듯 몇 번이고 돌아본다. 후박나무 두 그루가 집 앞에 서서 바람이 불 때마다 커다란 잎을 한두 개씩 떨어뜨려주는 그 아래편에 손바닥만한 처마밭이 있다. 감나무 잎 단풍은 그 무엇보다도 아름답다. 떨어지는 잎새마다 연두색과 초록색, 붉은색, 황갈색이 어우러지며 서로 다른 추상화를 그려내는 것이다. "살어리 살어리랏다. 청산에 살어리랏다. 머루랑 다래랑 먹고 청산에 살어리랏다." 낯익은 고려가요 한 구절이 푸른색으로 목각되어 처마 밑에 걸려 있다. 유리창으로 들여다보이는 마루벽에는 역시 파란색으로 칠해진 엽서만한 풍경화 하나가 액자 속에 외롭게 걸렸다. 암자 옆으로 스무 걸음쯤 떨어진 곳에 오래된 부도 하나, 이름도 없고 별다른 장식도 없지만 검은색 탑비에 환하게 피어난 석화만이 찾아온 사람들을 반갑게 맞아주는 듯하다.

일지암은 팔 년 만에 다시 찾는 길이다. 공교롭게도 그때 입었던 옷을 오늘도 똑같이 입었다. 커다란 앞주머니 두 개가 달린 코발트색 셔츠에 청바지 차림이다. 청바지가 해어지긴 했지만 요즘은 일부러 그렇게들 입는단다. 내 옷차림이 변함없는 만치 절에 있는 인정도 그때와 변함이 없다. 조계사 일을 맡아 눈코 뜰 새 없이 바쁘다는 여연(如然) 스님이 오늘은 암자에 내려와 있다가 유천(乳泉)에서 물 한 바가지를 퍼서 마시라고 건네준다. 대웅전을 짓기 전 법당 겸 요사채로 쓰던 집이 헐려서 뼈대를 그대로 살리며 복원하는 일을 시작했기에 아침 일찍 서울에서 내려왔다고 한다. 그사이 불사가 끝난 대웅전 벽면 한쪽엔 초의 선사 영정이 걸렸고, 일지암 초가집은 지금도 예전 그대로의 모습이다.

명은당(茗隱堂) 보살이 팔 년 전 모습 그대로 단정하게 앉아 녹차를 우려내준다. 여연이 금년도 최고의 작품을 만들었다고 내세우는 설아차(蔎芽茶)다. "새소리를 들으며 찻잎을 따서 가마솥에 덖을 때는 저 쑥국새 울음소리도 함께 넣어 덖어야지요." 지난번 이곳을 찾았을 때 유천 샘물로 반야차를 우리면서 그가 들려주던 이야기가 기억난다. 반야차와는 달리 설아차에서는 여성스러움이 한결 더해졌다. 산새 울음소리 대신 해조의 속삭임을 들으며 남해에서 불어오는 연한 바닷바람을 섞어서 함께 덖은 때문일까. 소녀의 속살같이 부드러운 연녹색을 띠고 있는 잎새와는 달리 차색은 성숙한 여인의 눈웃음같이 진한 녹색이다. 쌉쌀한 첫맛은 어딘가 비릿한 맛을 담고 있다. 산기보단 수기(水氣)를 더 받아서인 듯 야생의 기는 약하지만, '최고의 선덕을 가진 사람은 물과 같은 성품을 지녔다(上善之人 如水之性)' 고 했으니 이를 탓할 것은 없을 터, 달콤한 여인의 입술을 탐하듯 이름처럼 아리따운 설아차 향기를 입 안에서 굴리며 대둔산 기슭을 걸어 내려올 때 살찐 꿩 한 마리 푸드득거리며 앞길을 가로질러 날아오른다.

금정암의 여승들

—화엄사 12승경, 선림신차와 금정유황의 고향

귀성과 귀경 차량들로 번갈아가며 한바탕씩 홍역을 치러낸 길들이 피로해진 몸을 추스르며 잠깐 휴식을 취하는 시간인 듯 고속도로는 한적하기만 하다. 지리산으로 가기로 한 날, 물기를 머금은 선선한 가을 바람이 남으로부터 불어오고 있다.

산으로 가는 날은
바람이 불어도 좋다.
산길에서는
밤에 달이 뜨지 않아도 좋다.
산 안에 언제나 가득한
향기가 내 것이 아니라도 좋다.
저 큰

비어 있는 사람에게 가느니.

나는 그 사람을

나의 집으로 삼으리.

— 이성선, 「산으로 가는 날은」 전문

서울을 떠나기 전 인터넷으로 절에서 가장 가까운 피자집을 찾아냈다. 구례읍에 도착하기 삼십 분 전에 전화를 걸어 오신채를 쓰지 않고 야채만의 재료에 치즈를 듬뿍 넣은 엑스라지 피자 두 판을 주문했다. 길을 걷다가 행인과 부딪쳐 넘어지면서 허리를 심하게 다쳐 몇 달째 거동이 불편한 스님에게 따끈한 피자를 전해드리고 싶어서였다. 읍내에서 십오 분만 가면 화엄사 입구가 나오고, 일주문 지나 절 안내판 앞에서 오른쪽으로 꺾어들어 차 한 대 겨우 지나갈 만한 비포장길을 이 킬로미터쯤 오르다보면 금정암(金井庵)이라 새겨진 단아한 표석이 나타난다. 3대에 걸친 비구니 스님 세 분이 계신 곳이다. 지그재그로 꺾인 언덕길을 백 미터쯤 오른 곳에 넓은 마당이 있고, 마당을 가운데 두고 원통전(圓通殿)과 심검당(尋劍堂), 적묵당, 산신각 들이 정갈하게 배치되어 있다. 절 마당 끝자락에 서서 내려다보면 화엄사 각황전(覺皇殿)과 선방 처마 끝이 가물가물하게 눈에 들어온다.

각심(覺心) 스님은 일흔을 훨씬 넘긴 노스님이다. 이곳에 주석한 지가 올해로 삼십 년이 넘는데 지금도 절에서 가장 원기가 넘치고 활달한 분이다. 마주해 앉으면 불도가 이렇게 따뜻하고 편안한 것이구나 하는

금정암 원통전, 적묵당 전경

생각이 저절로 든다. 주지를 맡고 있는 혜광(慧光) 스님은 2대인 셈이다. 출가한 후 이 절에 자리잡고서만 이십육 년을 지내다보니 어느새 오십대 초반이지만, 훤칠한 키에 달덩이같이 환한 용모를 지닌 미인이다. 눈을 내리깔고 조용히 앉아 있는 스님의 모습에선 '원적제일락(圓寂第一樂)'이란 불경의 한 구절이 떠오르며 불자란 이렇게 고요한 사람이구나 하는 느낌을 받게 된다. 3대째가 될 도림(道林)은 푸른 눈을 가진 이십대의 어린 승려이다. 고등학교를 막 졸업한 나이에 오스트리아를 방문한 두 분 스님을 만나 머리를 깎고 한국으로 온 것이 육 년 전이다. 금정암에 적을 둔 채 승가대학에 입학한 것이 어느새 사 년, 이번 겨울에 졸업을 한 후에도 절에 계속 머물면서 두 스님의 뒤를 이을 것이다.

절터를 둘러싼 삼면의 언덕배기에 차나무가 듬성듬성 심겨 있다. 스님들 사이에 차맛이 오래가기로 입소문이 나 있는 금정암차가 나오는 곳이다. 워낙 소량을 만들기에 구하기가 쉽지 않지만 어쩌다라도 절에 들르면 각심 스님은 잊지 않고 해마다 한 통씩을 챙겨주신다. 각심 스님이 손수 덖은 차를 혜광이 우려낸다. 혜광은 이 차를 가장 맛있게 우릴 줄 아는 팽주이다. 그러나 계속 우려내면서도 그는 한 잔도 마시지 않는다. 커피도 주스도 입에 대지 않고 마시는 것이라곤 오로지 금정암 생수뿐이다. 영기 가득한 지리산 기슭의 대나무숲 아래서 솟아나는 석간수가 대나무 대롱을 타고 흘러내려와 절 마당 앞에 고여 금정(金井)을 만든다.

샘 앞에는 고로쇠나무도 한 그루 서 있다. '선림신차(禪林新茶)'와 함께 옛날부터 화엄사 12승경(勝景)으로 손꼽히던 '금정유황(金井幽篁)'이 바로 이곳을 지칭하는 것이다. 절 주변에 무성했던 그때의 대나무숲은 지금 사라졌지만 물맛은 여전히 달고 서늘하다. 지대가 높고 숲이 깊어 우전차를 만들 수 없지만 산기를 듬뿍 받아 야생기가 강한 금정암차는 이 물로 우려내야 제 맛이 살아난다. 찻잎 한 줌을 다관에 넣고 금정에서 길어온 물을 부으면 쓴맛이 없어지면서 열두 번쯤은 같은 맛을 내준다. 차는 물의 신이고 물은 차의 몸이라 한다. 차와 물의 궁합이 맞는다는 것은 바로 이러한 경우를 말하는 것이리라. 우물 곁에 지어진 심검당 대청마루에 앉아 비구니 스님의 차를 마시면서 적묵당 뒷산 언덕에 펼쳐진 자연의 장생도(長生圖)를 올려다본다.

우리가 살아 있다는 것은
우물 곁에 있다는 것.
우리가 눈을 뜬다는 것은
귀가 깨어
하늘의 숨소리를 듣는 것.
우리가 사랑한다는 것은
새벽들판의 풀잎처럼
언덕 위 나무처럼
별 아래 함께 서 있는 것.

문득 떠오른 이성선 시인의 절창이 가슴을 치고 있었다.

남도기행 1
—다산과 초의와 소치의 기억

차를 마시기 시작한 뒤부터 오랫동안 별러왔으면서도 한 번도 찾지 못했던 해남의 대둔사(大芚寺, 현 대흥사)를 이번 봄에는 두 번이나 다녀왔다. 3월부터 차가 똑 떨어져버려 중국차와 일본차 남은 것으로 겨우겨우 연명하던 차에 곡우 무렵 우전차를 구한다는 핑계로 조급히 길을 떠난 것이 첫번째였고, 한 달쯤 지난 후 찻잎을 딴다는 연락을 받고 차를 직접 덖기 위해 다시금 떠난 것이 두번째 길이었다. 자그마한 국토지만 땅끝까지 가는 길은 이렇게 멀기만 한 것일까. 목포에 들러 유달산 벚꽃제를 둘러보고는 혼자 차를 몰고 남으로 남쪽으로 치닫는다. 일지암을 찾기 전에 먼저 진도의 운림산방(雲林山房)과 강진의 다산초당을 찾아보아야 한다. 일지암에 머물던 초의와 강진에 유배되어 있던 다산, 그리고 운림산방 주인이던 소치와의 그림 같은 만남을 기억해냈기 때문이다.

전남 진도군 의신면 사천리에 위치한 운림산방은 남농 허건의 할아버지이며 미산 허영의 아버지로서 우리나라 남종화의 전통을 일으켜세운 소치 허연(또는 허유)이 지천명의 나이에 평생의 거처로 세운 집이다. 그가 여든여섯에 세상을 뜰 때까지 삼십여 년간을 머물면서 목숨 수(壽) 자로 매화나무를 그리고(壽字梅樹), 넷째 아들 미산을 낳아 기르면서 이십이 년 연상인 추사와 초의를 스승 삼아 그림과 차 마시는 법을 익혔던 곳이 여기가 아니던가. 다 쓰러진 집을 손자인 남농이 복원한 산방의 뒤쪽으로 야트막한 산이 병아리를 품은 어미 닭처럼 포근히 둘러있고, 집 앞에 파놓은 둥그런 연못 한가운데에 노송 한 그루가 돛단배처럼 두둥실 떠 있다. 남풍이 불면서 흔들리는 나뭇가지가 마파람에 펄럭이는 고깃배의 돛자락을 연상케 한다. 그러나 이곳에선 바다가 보이지 않는다. 그가 모란꽃과 매화, 대나무와 난초가 자라는 바윗돌을 즐겨 그렸던 것은 바로 그러한 연유 때문이었던가 하는 생각이 잠깐 머리를 스친다.

진도를 떠나 대흥사에 들어가기 전에 들러 가야 할 곳이 강진이다. 다산 정약용이 마흔 살에 유배되었다가 경기도 양주군 와부면 능내리 본가로 되돌아올 때까지 십칠 년간을 머물렀던 곳, 또 대부분의 시간을 제자들을 가르치면서 오백여 권 책들을 저술했던 다산초당이 있는 곳이다. 산의 이름이 다산이기에 그것이 아호가 되었던 것인가, 아니면 아호가 다산이었기에 뒷산이 다산이 된 것인가. 그는 이곳에서 스물네 살 연하의 초의 장의순을 만나 유학과 시를 가르치며 함께 차를 마셨다.

초당 옆의 약천(藥泉)에서 길어온 물을 작은 앞마당에 놓인 돌로 만든 다조(茶竈, 차부뚜막) 위에서 팔팔 끓인 후에 초의가 대흥사에서 덖어온 찻잎을 우려서 함께 마시던 그때의 정경이 눈에 선하게 들어오는 듯하다. "차는 물의 신이고 물은 차의 몸이다. 산마루에서 솟아나오는 자연천수는 맑고 가볍다(茶者水之神 水者茶之體 山頂泉 淸而輕)"고 노래했던 초의의 『차신전茶神傳』은 바로 이러한 경지에서 얻어진 산물이 아니었겠는가.

다산의 차에 대한 사랑은 초의를 만나기 전부터도 각별했던 것 같다. 강진에서의 유배생활중에 다산은 『동다기東茶記』와 『각다고』를 쓴 것으로 알려져 있고, 차에 관한 그의 글은 마흔 편이 넘는다. 아마도 그의 차생활은 강진에 유배된 후 삼 년쯤 지나 대흥사의 혜장 스님을 만나고부터 시작된 것이 아닐까 싶다. 그가 햇차를 기다리다가 참다못해 혜장에게 차를 보내주기를 간청하면서 보낸 편지인 「걸명소乞茗疏」가 지금까지도 이렇게 전하여온다.

"듣건대 고해를 건너는 데는 보시를 가장 중히 여기니 명산의 진액이며 풀 중의 영약으로 으뜸인 차가 제일이오. 목마르게 바라는 뜻을 헤아려 달빛과 같은 은혜를 아끼지 말기 바라오."

다산초당을 뒤로하고 뒷산 넘어 백련사로 향한다. 산길 양쪽으로 피어난 분홍빛 진달래 사이로 멀리 완도 앞바다가 건너다보인다. 백련사를 지나 이제는 서산 대사의 흔적과 초의 선사의 숨결이 아직도 남아 있을 해남 대흥사 길을 찾아가야 한다. 대흥사는 해남읍에서 동남쪽으로

수면 위에 피어오른 연꽃

삼십 리쯤 떨어진 삼산면 구림리의 깊은 숲 속에 안기듯 자리잡고 있고, 대흥사를 우측으로 돌아 자갈밭길을 이 킬로미터쯤 걸어 올라간 언덕배기에 일지암이 자리잡고 있다. 일지암은 초의가 나이 마흔에 대흥사의 진산인 두륜산 남동쪽 산마루에 지은 두세 평 남짓한 초가집이다. 그는 이곳에서 여든에 입적할 때까지 사십 년을 혼자 수도하면서 차와 선이 결국 하나임(茶禪一味)을 깨닫지 않았던가. 옛집의 모습을 기억하여 1980년에 새로 복원된 암자엔 세 사람이 겨우 누울까 말까 한 방 한 칸이 있고, 대나무로 짠 마루가 방의 삼면을 감싸고 있다. 산에서 흘러내리는 물을 받아 꾸민 집 앞의 작은 연못에는 물고기가 노닐고, 집 뒤를 돌아가면 백사십 년 역사의 유천이 아직도 옛 모습을 간직한 채 돌 틈으로 맑은 물을 뿜어내고 있다. 초의가 『동다송』에서 읊었던 그 모습 그대로이다.

"나 사는 곳에 맑고 맑은 유천이 있어 돌그릇에 고인 이 물을 마시면 백 년을 살 수 있다는데 멀리 남산 아래 해옹에게 이 물을 어떻게 보내드리나(我有乳泉 把成水碧百壽湯 何以持歸 木覓山前獻海翁)."

여름의 불사가 끝날 때까지 암자에 머물고 있는 명은당 보살이 얼른 유천에서 떠온 물을 끓여 차를 내준다. 예년이면 햇차가 나올 때지만 금년엔 윤달이 낀 탓인지 봄이 더디 와서 아직 암자 주변에 야생하는 차나무에는 움도 트지 않고 있다는 말에 천 리 넘게 달려온 첫번째 해남행은 아쉽게 막을 내린다. 곡우가 낼모레인데 금년엔 우전차가 아예 없을 모양이다. 햇차 한 통 손에 들지 못하고 일지암을 내려가는 내 귓전엔 "입하 전쯤 찻잎 따러 다시 오시지요"란 인사말 속에서 초의가 읊었다는 시편 한 수가 떠오른다.

富送人以財 仁送人以言

해석하면 '부유한 사람들은 송별할 때 재물을 주어 보내지만 마음이 어진 사람들은 그저 또 만납시다라는 말로 보낸다' 라고 할 수 있을까.

남도기행 2
—쑥국새 울음소리 차 속에 섞어

"찻잎 따러 다시 오시지요"란 말이 귓전에 계속 맴돌던 차에 일지암에서 다시 연락이 왔다. 월출산 도갑사(道甲寺) 경내에 있는 차밭에서 월요일 아침부터 찻잎을 따기로 했으니 일요일 저녁에 내려오면 좋을 것이라는 전갈이었다. 철학과의 남교수를 며칠간이나 설득하여 옆자리에 앉히고 같이 남도 길에 올랐다. 일요일 오후의 남행 고속도로는 서울을 떠나 광주에 도착할 때까지 줄곧 텅 비어 있다. '빈 산에 인적 없는데 물은 흐르고 꽃은 핀다(空山無人 水流花開)' 는 경지가 벌써부터 열리기 시작하는 것일까. 김제 금산사와 내장산 백양사를 힐끗 지나친 차는 광주를 비켜서 나주를 거쳐 영암으로 치닫는다. 영암에 머물기에는 너무 이른 시간이다. 내친김에 해남까지 내려가기로 했다. 일지암이나 그 옆에 비어 있을 동다정(東茶亭)에서 보내는 하룻밤도 흔치 않은 멋이 아니겠는가. 해남읍에서 대흥사 앞 빈터까지는 자동차가 들어갈 수 있지만 절 입구부터 암자까지 이 킬로미터 정도 산길은 걸어 올라야 한다.

그믐밤이라 달빛도 없이 깜깜한 자갈길을 더듬더듬 걸어 오른다. 동행이 있기에 망정이지 흔한 전등불 하나도 준비하지 못한 밤길은 어둡고 적막하다. 보름달이 뜨는 밤만을 골라서 떠났던 북한산 야간 등반길이 자꾸 생각난다. 그러나 용케 한 번 넘어지지도 않고 암자에 도착했다. 멀리서 마루에 밝혀놓은 불빛이 보인다. 늦은 시간이지만 준비해놓은 저녁공양을 마친 후 찻상을 마주하고 앉는다. 장작불로 후끈하게 데워놓아 골고루 뜨끈뜨끈한 방바닥에 앉아 막 유천에서 길어온 찻물을 끓인다. 바로 가까운 곳에서 새가 운다. 계절과 장소에 따라 뻐꾹새 혹은 두견새로도 불린다는 이 새를 찻잎 딸 때쯤에는 쑥국새라고 부르기도 한다. "새소리를 들으며 찻잎을 따서 가마솥에 덖을 때는 저 쑥국새 울음소리도 함께 넣어 덖어야지요." 초의와 용운에 이어 일지암의 3대 방주로 있는 여연의 말이다. 그가 만들어놓은 차봉지를 연다. 아마도 이 자리쯤에서 초의는 추사와 함께 차를 나누고 추사는 시를 지어 초의에게 화답했으리라. 백이삼십 년 전의 일이다. 추사의 이런 시가 남아서 전해오고 있다.

靜坐處茶半香初　고요히 앉은 자리에 차가 익어가며 향기를 내뿜기 시작하고

妙用時水流花開　신묘한 기운 일어날 때에 물이 흐르고 꽃은 저절로 피네.

차를 마시고 또 새잎을 넣어 우려내고 하다보니 어느새 자정을 넘어섰다. 이 차를 마시면 무엇이 좋은가. 강진에 귀양 와 있던 다산 정약용이 기력이 쇠약해지고 정기가 부족함을 느낄 때마다 차만 탐식하며 이를 약으로 마신다면서 대흥사의 아암 스님에게 보냈던 편지에서 중국 시인 노동(盧仝)을 언급했던 일을 생각해본다.

> 一椀喉吻潤 차 한 잔에 벌써 목에 윤기가 돌고,
>
> 兩椀破孤悶 두 잔째에 고민이 사라지네.
>
> 三椀搜枯腸 惟有文字五千卷 석 잔은 마른 장 속을 씻어내리고, 책 오천 권을 품은 듯하네.
>
> 四椀發輕汗 平生不平事 盡向毛孔散 넉 잔을 마시니 가벼운 땀이 솟고 세상에 불평할 일 없어지니 털구멍이 모두 열리는 듯하네.
>
> 五椀肌骨淸 다섯 잔엔 뼛속조차 맑아지고
>
> 六椀通仙靈 여섯 잔을 마시면 신선과 통한다네.
>
> 七椀喫不得 惟覺兩腋習習淸風生 일곱 잔째 세상에 거칠 것 하나 없고 겨드랑에 맑은 바람 솔솔 일어남을 절로 느끼네.
>
> — 노동, 「칠완다가 七椀茶歌」

중국 시인답게 과장이 심했는지는 모르겠지만 오늘날 현대과학에 의해 하나씩 밝혀지고 있는 차의 효능이 여기서 언급된 내용과 크게 다르지 않다는 것은 신기한 일이다. 차 성분을 가미해 만든 껌이 불티나게 팔리고 있다든지 지방을 분해해주는 차의 다이어트 효과로 인해 여성들의 차 소비가 급속히 늘고 있다는 사실이 다만 광고 때문만은 아닐 것이다. 일본에서는 차의 니코틴 제거 효과가 연구된 바 있는데 하루에 담배 한 갑을 피우고 녹차를 석 잔 이상 마시는 사람은 담배를 피우지 않은 것과 같다고 해서 애연가들을 즐겁게 했고, 또 녹차 속에 포함된 카테킨 성분이 유방암과 간암을 억제하는 효과가 있다는 논문도 발표된 바가 있다. 요즈음엔 차를 마시면 술이 깬다고 해서 음주단속을 피하기 위한 방편으로 차로 입가심을 하고 운전대를 잡는 사람도 있다고 한다. 아마도 혈압을 낮추고 콜레스테롤 수치를 저하시키는 차의 성인병 예방 효과가 발표될 날도 멀지 않았을 것이다. 그러나 건강상의 이유로 차 소비가 급증하는 것은 차를 즐겨온 사람들에겐 그다지 반가운 일이 아니다. 우리들의 즐거운 마실 거리인 녹차가 보약이나 영양식으로 인식되기 시작한다면 그 차는 이미 고금의 차인들의 오랜 그리움과 기다림의 대상으로부터는 멀어진 것이 아닐까. 신도시 개발 붐에 떠밀려 조상대대로 내려오던 논밭을 모두 팔아버리고 각지로 흩어져가는 농민들의 심정을 이에 비길 수 있을는지 모르겠다.

또하나의 해인이 있는 곳
—해인사에서

노란 찻물 속에 국화꽃 두 송이가 곱게 피어났다. 청자 잔 속엔 무거운 듯 고개 숙인 벼 이삭이 음각(陰刻)으로 새겨져 있다. 차를 우릴 때마다 늘 사용하던 찻잔인데도 해인사를 다녀온 후 비로소 발견하게 된 새로운 모습들이다.

해인사! 우리나라 명산 영봉에 자리한 수많은 절들이 다 유래가 있겠지만 그중에서도 선암사(仙巖寺), 다솔사(茶率寺)와 함께 내가 가장 좋아하는 이름이다. '고요한 바다에 만물의 형상이 그대로 비친다' 라는 뜻이라고 하지만, 그러한 작명된 뜻보다 '바다 해(海)' 자와 어울린 '찍힐 인(印)' 자의 어감이 좋아 오랫동안 그리워하면서도 찾기를 아껴두었다. 한 학기 동안의 대구 강의는 이렇게 아껴둔 곳들을 찾기엔 더없이 좋은 기회였고 아직은 추위를 느낄 수 없던 늦가을날, "사람들은 이나라에 사는 동안 단 한 번이라도 해인사에 왔다 갈 일이다. 이 절에는 그런 사람만을 기다리고 있는 부처가 있다"라던 고은 시인의 글귀를 떠올리며 드디어 해인사를 다녀왔다.

'팔만대장경판전'을 둘러본 후 대적광전(大寂光殿)과 퇴설당(堆雪堂)을 지나 '해인총림(海印叢林)'이란 현판이 달린 사천왕문을 통과해 일주문 쪽으로 걸어 내려갈 때였다. "해인사가 두 개라는데 다른 하나는 어디 있지요?" 아래쪽에서 올라오던 한 여인이 갑자기 내게 다가서면서 던진 말이었다. 뜻밖의 질문에 당황한 나는 순간적으로 여인의 눈을 들여다보았다. 모자가 붙어 있는 두꺼운 파카를 입고 등산용 배낭을 짊어진 삼십대 초반 정도의 여인은 눈빛이 맑았고 무언가 애원하는 듯 그 표정이 진지했다. 이제 막 걸어 내려온 뒤편을 돌아보며 무심코 내뱉은 나의 대답은 "난 이곳 해인사밖에 모르는데요"였다. 내가 그 질문의 의미를 다시 생각하기 시작한 것은 실망하는 기색이 역력한 그녀의 표정을 버리듯이 남겨둔 채 주차장까지 걸어 내려와 차의 시동을 걸고 매표소를 지나 88고속도로로 들어선 뒤부터였다.

과연 그런 대답밖에는 할 수 없었던 것일까. 이곳 외에 다른 곳에도 해인사가 있음을 모른다는 것은 바로 나의 무식함을 드러낸 말에 지나지 않는 것이었다. 부산 해운대에도 '해인정사(海印精寺)'가 있고 다른 곳에도 또 해인사란 이름의 작은 사찰이 있다는 것은 나중에 알게 된 사실이다. 나는 또한 나의 무지함을 절감했다. 만일 해인사가 하나임이 분명한데도 절 경내에서 누군가가 다른 해인사를 물어왔다면 이것은 바로 선문답이 필요했던 상황은 아니었을까. 그렇다면 나의 대답은 "달이 뜨면 꽃이 필 테지"라거나 "차나 마시고 가시지요(喫茶去)" 하는 정도의 멋스러움이 있었어야 하는 것은 아니었을까.

세번째 후회는 나의 무정함 혹은 무례함에서 기인하는 것이었다. 선문답을 할 만한 지혜도 없고 또다른 해인사를 알 만큼의 지식도 갖지 못했다면, 최소한 나는 누군가의 질문에 귀 기울여 그 내용을 진지하게 파악한 후 성의 있는 답을 찾아주어야 할 겸손과 성숙함은 갖추어야 했던 게 아니었을까. '별 정신 나간 여자도 다 있네' 하면서 무성의한 답변을 흘린 채 서둘러 자리를 피해 나온 경솔함이 계속 마음에 걸렸다.

이러한 생각들이 해인사를 떠나 거창과 함양, 남원, 구례를 거치면서 그날 저녁, 목적지인 화개에 도착할 때까지 분주하게 내 머릿속을 오고 간 상념들이었다. 해인사는 무엇인가? 국보 제52호인 8만 1,258개의 대장경판을 칠백여 년이나 모셔왔고 일곱 차례나 불탔지만 경판을 모신 두 채의 목조 쌍둥이집은 온전했으며 사명과 대각, 경허와 효봉, 그리고 최근의 성철과 혜암 등 큰스님들이 모두 계시던 우리나라 3대 명찰의 하나로서, 지리상으로는 합천군 가야면 치인리 10번지 가야산 중턱에 자리한 신라 애장왕 3년(서기 802년)에 창건된 절이라고 답할 수 있을 것이다. "또하나의 해인이 있다는데 어디에서 찾을 수 있을까요?" 그러나 오랫동안 아껴둔 절을 처음 찾은 길에서 홀연히 나타난 한 여인에 의해 화두처럼 던져진 의문은 이러한 물리적인 해답만으로는 풀리지 않은 채 줄곧 머릿속을 떠나지 않았다.

세상의 번뇌들로 머릿속이 소용돌이칠 때, 혹은 마음 깊이 새겨둔 의

국화 문양 다기

문으로 고요함 속에 혼자 빠져들고 싶을 땐 언제나 버릇처럼 차를 따른다. 낙엽색 발효차도 만들어 마시고 엷은 연두색을 띠는 녹차도 우려내 본다. 발효차는 주황색의 자사(紫紗) 다기가 제격이지만 녹차는 백자나 분청, 청자가 모두 잘 어울린다. 내가 쓰는 다기 중에는 매화꽃이 철화문(鐵畫紋)으로 찍힌 것도 있고 음각으로 새겨진 갈대 줄기가 보이는 것도 있다. 다른 한 잔엔 상감 입힌 국화무늬가 하얗게 드러나 있다.

'청자상감인화문잔(靑磁象嵌印花紋盞)'이란 긴 이름이 붙은 잔이다. 노란 찻물 속에 박혀 있는 꽃무늬들을 바라보고 있노라면 마치 천 개의 강물에 비치는 달덩이(月印千江)를 보는 것 같기도 하고 또한 세상 만물이 고요한 바닷물에 박혀 있는 것 같기도 하다. 그 찻물을 마시며 생각을 가다듬는다.

筆牀茶竈春風裏 봄바람 마시며 글 쓰고 차 끓이니
要知喧靜兩皆禪 시끄러움도 고요함도 모두 선인 것을 알겠네.

라고 노래한 초의의 시 한 구절이 생각난다. 순간적으로 대장경판전 앞에서 읽었던 안내판의 글귀도 선명하게 떠오른다. "일렁임 없는 바다에 세상 만물의 형상이 모두 비치듯, 번뇌 없는 마음에 만물의 이치가 그대로 드러난다"는 해인삼매(海印三昧)의 정신, 혹시 그녀가 찾았던 또하나의 해인은 바로 이 찻잔 속에, 그리고 그 찻물을 응시하며 삶의 의미를 발견하려는 사람들의 마음속에 있는 것이 아니었을까. "한 번이라도 해인사에 왔다 갈 일이다. 이 절에는 그런 사람만을 기다리고 있는 부처가 있다"던 시인의 말대로 나는 처음 찾은 해인사에서 지천명을 맞는 나에게 삶의 의미를 다시 묻고자 기다리고 섰던 한 사람의 부처를 만났던 것이다.

수종사의 가을차

처서가 지나고 여름장마를 연상케 하는 지루한 비가 며칠을 계속 내린 후 아침저녁으로 서늘해지더니 추석 지나서는 완연한 가을빛이 산야를 물들이고 있다. 더위가 한창이던 여름철, 계절의 마실 거리로는 샘물에 담가놓았던 수박 덩이를 조랑 떡국처럼 썰어넣은 수박화채나 얼음을 동동 띄운 수정과가 제격일 듯하여 더운 차를 밀리하고 싶었음에도 이열치열이라고 뜨거운 녹차그릇을 나누어 마시던 기억이 아직도 새롭다. 아마도 뜨거운 녹차 잔은 그 체(體)는 뜨거우나 질(質)은 차가운 것이기에 여름 건강에는 더욱 좋았을 듯하다. 그러나 어느덧 만산에 가득 찬 단풍처럼 이 계절은 자연스럽게 다시 녹차를 찾게 만드는 때인 것 같다. 차봉지를 열고 나서 잘 간수하지 못해 장마철을 지나는 동안 눅눅해지는 경우가 흔하지만 그렇지 않다 하더라도 초봄에 갓 덖어낸 햇차의 신선한 향미를 찾기가 어려운 때이긴 하다. 그러나 한여름을 지

내면서 차봉지 속에서 스스로 숙성된 가을차 맛은 또다른 차의 묘미를 느끼게 해줄 수도 있을 것이다.

이 계절의 차 마시는 법을 보면 겨울 차인들이 다관에 찻잎을 먼저 넣고 반쯤 식힌 물을 그 위에 부어서 우려내는 하투법(下投法)을 쓰거나 여름 차인들처럼 뜨거운 물을 부어 다관을 덥힌 후 물 위에 찻잎을 던져넣는 상투법(上投法)을 쓰는 대신, 다관에 물을 반만 채운 후 찻잎을 넣고는 다시 나머지 반의 물을 붓는 중투법(中投法)을 쓴다. 계절에 따라 외부의 온도와 차가 우러나는 속성을 적절히 조화시킨 선인들의 지혜일 것이다. 차를 마시기 적당한 장소로는 대나무숲을 흐르는 바람소리를 벗 삼아 높은 가을하늘을 올려다볼 수 있는 커다란 느티나무 아래 놓여 있는 평상 위가 제격일 것이다. 그러나 도시생활에서 이러한 장소를 찾기가 쉬울 리 없다. 아마도 덕소에서 양평 쪽으로 가다가 북한강과 남한강의 두 물줄기가 한곳에서 만나는 조안리 일대, 운길산(雲吉山) 중턱에 위치한 수종사(水鐘寺)가 그나마 멀지 않은 곳에서 내가 찾아낸 이러한 장소 중의 하나일 것이다.

수종사는 세조 때 창건된 오백 년쯤 된 절이다. 세조가 근처에서 하룻밤을 유하던 중, 한밤 어디에선가 맑은 종소리가 들려오는 것 같아 찾아보았더니 산 중턱에 있는 동굴 속에서 한 방울씩 떨어지는 물소리가 종소리처럼 울리고 있었다고 한다. 그 자리에 절을 짓고 이름을 수종사라 붙였다는 그럴듯한 어원을 갖고 있다. 절 경내의 동쪽 끄트머리엔 창건 시에 심었다는 오백 년 수령의 은행나무 두 그루가 의젓한 자태를 뽐

내고 있다.

절에는 지금 동산(東山)이란 스님이 살고 있다. 사슴같이 커다랗고 슬픈 눈을 가졌다. 불과 열 살의 어린 나이에 이곳에 출가하여 주지가 된, 법륜에 비해 나이는 비교적 젊은 스님이다. 부처님을 골라 앉힌 곳이라는 뜻을 가진 '선불장(選佛場)' 아래쪽으로 강물이 가장 잘 내려다 보이는 곳에 그는 목조 다옥(茶屋) 한 채를 새로 짓고 당호를 '삼정헌(三鼎軒)'이라 붙였다. 시(詩)와 선(禪)과 차(茶)가 세 개의 다리가 되어 불심을 굳게 떠받들라는 의미인지 모르겠다. 조선 말에 다산이 강진 유배생활에서 풀려난 후 유배지에서 만나 차 친구가 된 초의 선사를 초청하여 함께 차를 마셨다는 곳이 바로 이 자리일 듯 눈앞에 북한강과 남한강이 합쳐지는 두물마을(兩水里)의 전경이 한 폭의 그림처럼 눈에 들어온다. 멀지 않은 곳에 다산의 생가가 있다는 것이 이러한 추측을 가능케 한다.

강물 위에 걸쳐놓인 두 개의 팔당대교와 함께 물 한가운데 조각배처럼 작은 섬 하나가 외롭게 떠 있다. 이름하여 '족자도'라 한다. 발(足) 모양을 닮아서 그런 이름이 붙었는지 아니면 큰 홍수 때 산의 한 자락이 떨어져나가 그곳에서 섬이 되었다는 전설처럼 산의 쪼가리이기에 그런 이름이 붙었는지는 모를 일이지만 그 풍경에 어울리는 운치 있는 이름이다. 이곳에 다실을 짓고 절을 찾아 험한 길을 걸어올라온 사람들에게 무료로 차를 내면서 처음에는 걱정이 앞섰다는 스님, 그러나 다실 입구에 놓여 있는 목제 시주함 속에 자발적으로 던져넣고 가는 복전의 액수가 차재료를 대기에는 부족함이 없더라고 말하며 그는 이제 소년처럼 웃는다. 그가 만들어주는 차를 마시고는 입 속에 아직도 가득한 가을차의 향미를 음미해보면서 어둑어둑해지는 산길을 걸어 내려온다. 다선일체란 말이 머릿속에서 조용히 맴돌고 있었다.

11월에 부르는 노래
—직지사에서

11월이 되면 한 번은 꼭 부르고 싶은 노래가 있다. 노래란 것이 마땅한 분위기가 주어져야 부를 수 있는 것이기에 어느 해는 그냥 넘어가는 경우도 있지만 그런 때는 어딘가 아쉬움이 남는다. 금년에도 그냥 지나가나 생각했는데 11월이 다 끝나가던 주말 아침에 나의 '11월의 노래'를 부를 수 있었다. 평상처럼 널찍한 바윗돌이 산 중턱에 평퍼짐하게 얹혀 있는 황악산 직지사(直指寺) 부근에 있는 야산 속에서다. 낙엽을 거의 다 떨어뜨려내어 쓸쓸해 보이는 나뭇가지 사이를 따뜻하게 어루만지며 지나가는 바람 소리가 내 노래를 재촉했는지 모른다. 그러나 그 노래를 부르고 나는 마음속으로 "산님, 미안합니다. 이 맑은 자연 속에 목소리 공해를 남기게 돼서……" 하고는 얼른 산을 내려왔다. 듣는 사람이 아무도 없었던 것이 그나마 다행이었다. 단풍철이 이미 지난 산에는 군데군데 단풍나무만이 새빨간 흔적을 아픔처럼 안은 채 아직 남아 있었다. 나는 빨강과 노랑, 자줏빛이 함께 엉켜 있는 단풍잎 하나를 주워 지갑 속에 몰래 끼워넣었다.

그 산자락에 '홍선'이란 법명을 지닌 스님이 살고 있다. 눈을 보면 산 틈새 골짜기를 부드럽게 적시며 흘러내리는 개울물빛 같은 자유로움이 느껴지는 학승이다. 그 스님이 지난 4월에 쓴 이야기가 있다.

> 이번 가을에는 옥 같은 백자를 빚는 우송 선생 내외분을 청하여 뒷담 너머 개울을 보여드리겠다고 소망해봅니다. 때죽나무 꽃향기도 보여드리고, 가을물도 보여드리고, 그 속을 헤엄치는 송사리떼도 보여드리고 수면 위를 맴도는 곱게 물든 나뭇잎들도 보여드리고 싶습니다. 흐르는 물도 함께 바라보고 싶습니다. 그리고 평평한 바위 하나를 골라 두 분이 주신 찻잔을 펼쳐 간 맞게 우린 차 한 잔을 나눠 마시는 호사도 누려보고 싶습니다.

이천 땅에 묻혀 살면서 다기를 굽다가 삼십 년 만에 처음 전시회를 가진 도공의 다기전시회 도록 『흙의 마음』(글로만든집, 2001) 첫머리에 실린 글이었고, 이 글의 인연으로 시작된 발걸음이 지난 주말의 직지사행이었다. 일행 중에선 내가 가장 늦었다. 골동품 전문가인 이재 선생과 사진을 찍는 향적 선생 내외는 이미 도착해 있었고, 대구에서 밤 강의를 끝낸 내가 경내에 다다른 시각은 자정을 넘은 때였다. 홍선과 우송이 절문까지 걸어나와 맞아주었다. 발바닥만큼 커다란 낙엽들이 디딤

돌처럼 숭숭 깔린 경내를 걸어 올라가면서 "밤새 흰 눈이 쌓인다면 아침 경관이 그만일 텐데" 하고 말한 사람은 우송이었다. 차회(茶會)는 새벽녘까지 계속되었고 잠깐 단잠에 빠졌다가 일어난 아침부터 다시 이어져 농차(濃茶)와 말차(抹茶)를 거쳐 마지막엔 벽사가 문덕산 기슭에서 만든 초승 녹차로 마감되었다.

벽사는 화개면 칠불사 아래에 초당을 짓고서 경사가 45도는 족히 될 법한 가파른 바위산을 매일 오르내리며 바위틈에 자생하는 차나무를 돌보고, 봄이면 우전 녹차 백여 봉과 반발효차 몇 봉을 만드는 차인이자 시인이다. 주머니 속 깊숙이 간직해 간 그가 만든 찻잎 한 봉지를 내놓으며 지난 봄날 그곳을 찾았을 때 차가 익어가는 숙성실 옆에서 보냈던 하룻밤을 생각했다. 그날 밤은 차색을 띤 달빛이 여인의 손길처럼 부드럽게 초당을 간질이고, 천장처럼 낮은 하늘에 총총히 떠 있는 별들이 얼굴만큼 커다랗게 다가와 귓가에 속삭이면서 숨기고 있던 다섯 가지 오묘한 맛을 처녀처럼 내게 허락해준 정겨운 밤이었다. 그 차 몇 잎을 우윳빛 백자 다관에 넣고 우려냈다. 작년 겨울 용문산에 버려진 홍송(紅松)나무를 가져와 장작가마에서 빚어낸 다기이다. 벽사가 만든 차와 우송이 빚은 다기가 홍선의 맑은 눈빛과 함께 어울렸던 금년 11월은 아마도 "11월은 내게 영원히 기억 속에 남으리"라고 산에서 불렀던 조수미의 노랫말처럼 함께했던 차인들 마음속 깊은 곳에 오래도록 간직될 것이라 생각해본다.

차인의 자유
—다솔사에서

출가한 스님처럼 삭도를 대고 하얗게 밀어버린 것은 아니지만 고등학생 시절로 되돌아가 삼 밀리쯤 되게 머리를 바싹 밀어버린 후 나는 훨씬 더 자유로워졌다. 머리 다듬는 시간과 머리 모양새에 기울이던 신경으로부터 놓여나고 머리털에 대한 집착에서 벗어나자 생각지도 못했던 마음의 자유까지 얻게 된 것이다. 겨울방학이 끝나고 개강한 학교에서 처음 이런 모습을 접한 주변의 반응은 다양했다. 어디 아팠느냐, 수술을 했느냐는 등 건강에 대한 염려는 주로 나이 드신 선생님들이 해주었고 젊어졌다, 인상이 훨씬 강인해 보이고 카리스마가 느껴진다는 찬사는 학생들이나 가까운 차인들로부터 들려왔다. 그중에서도 가장 듣기 좋았던 것은 회계학 교수의 딱딱한 틀을 벗어나 이제는 정말 예술가나 평론가처럼 자유로워 보인다는 무용가들의 평이었다.

짧게 깎은 머리에서 스님을 떠올리는 사람은 아무도 없었지만 그 이

삭발 후 산사를 오르며. 몸은 하릴없이 속세에 매여 있건만, 머리털은 시원스레 잘도 베여나갔다.

후부터 절 출입이 부쩍 잦아졌다. 거창한 불사가 있고 주말마나 관광객을 그득 실은 버스가 들락거리는 유명한 사찰보다는 호젓한 곳에 숨어 인적이 드물고 세속의 때가 덜 탄 곳을 주로 찾는다. 혼자 가서 살며시 들여다보고는 조용히 떠나오는 것이다. 곡성 태안사(泰安寺)와 영광 불갑사(佛甲寺)가 그런 절들이었고 곡우 날에 다녀온 다솔사(多率寺)도 그중의 하나였다. 경상남도 사천군 곤양면 용산리에 위치해 있으며 신라 지증왕 때(서기 503년) 영악사(靈岳寺)란 이름으로 창건된 이 절이 영봉사(靈鳳寺)를 거쳐 다시 찾게 되었다는 '다솔사'란 이름이 어디서 연원했는지는 알 수가 없다. 무엇을 많이 거느린다는 뜻일까. 소나무일까, 화가가 그린 소나무에 새들이 날아와 머리를 박고 떨어졌다는 '솔거'가 생각나기도 하고, 혹시 차나무가 식솔처럼 군생하는 절 뒤의 차밭에서 다솔(茶率 혹은 多率)이 유래된 것은 아닐까 하고 생각해보기도 하면서 백팔 개의 돌계단을 밟아오른다. 넓적한 돌판이 성기게 깔린 절 경내엔 인적을 찾아볼 수 없고 청결함과 고즈넉한 산사의 분위기만이 그대로 살아 있다. 돌계단이 끝나는 곳에 대양루(大陽樓)가 있고 누각 옆을 돌아 다시 계단을 오르면 적멸보궁(寂滅寶宮)이란 현판이 달린 자그마한 법당이 나타난다.

법당 중앙 제단 위에 한 팔로 머리를 받치고 옆으로 누운 열반 전 부처의 모습이 특이하다. 누운 부처 뒤쪽으로 난 커다란 타원형 유리창에 비치는 장독대 모양의 사리탑이 투명하게 빛나고 옆으로 흘낏 비켜선 나뭇가지엔 새파란 잎들이 팔랑거린다. 파란 하늘에 구름이 한 점씩 흘러간다. 살아 있는 부처와 진신의 사리가 연출하는 절묘한 자연의 조화라 할 수 있을까. 사리탑 옆쪽으로 만해가 1930년에 중수한 후 칩거했다는 응진암(應眞庵)이 있고, 그 앞에 그가 환갑 때 심었다는 측백나무 세 그루가 남아 있다. 연꽃 모양으로 다듬어진 채 나란히 서 있는 나무들도 이제 환갑을 넘어섰다. 아마도 왜경의 눈을 피해 다니던 만해가, 당시 이곳에 불교전수강원을 설립하고서 머물러오던 효당과 함께 나무를 심고는 이런 시 한 편이라도 지었던 것은 아닐까.

차인들의 명절, 곡우. 찻잎 따는 아낙들.

당신이 맑은 새벽에 나무그늘 사이에서 산보할 때에 나의 꿈은 작은 별이 되어서 당신의 머리 위에 지키고 있겠습니다.

당신이 여름날에 더위를 못 이기어 낮잠을 자거든 나의 꿈은 맑은 바람이 되어서 당신의 주위에 떠돌겠습니다.

당신이 고요한 가을밤에 그윽히 앉아서 글을 볼 때에 나의 꿈은 귀뚜라미가 되어서 책상 밑에서 '귀똘귀똘' 울겠습니다.

— 한용운, 「나의 꿈」 전문

법당 뒤 무성한 대나무숲 옆으로 길게 펼쳐진 차밭에선 챙 넓은 모자를 깊이 눌러쓴 여인들의 찻잎 따기가 한창이다. 여기서 따낸 찻잎들이 후원 부엌에 걸린 세 개의 커다란 무쇠솥에서 덖어지면 다솔사차가 된다. 이 차는 초의에서 효당, 응송으로 이어지는 근대 우리나라의 차맥과 어디쯤에서 연결될까. 푸른색이 거의 다 벗겨져나간 낡은 부엌문 위에 험상궂은 신장(神將) 둘이서 차솥을 지키듯 버티고 서 있다.

즐거워라 도량 거닐며 들어보는 산새 소리
송림 길은 송홧가루 황금색이 덮여 있네.
법당 뒤편 차 따는 단월 도솔가 흥얼거리고
코를 치는 맑은 향기 연유를 탐색해보니
무솥 걸린 조왕단 죽향 가득 햇차 덖는구나.

주지스님 혜일(慧一)이 지었다는 시 한 편이 경내 게시판에 붙어 있다. 시를 읽고 있는 내게로 앳된 얼굴의 스님 한 분이 가만히 다가선다. '적음(寂音)'이란 이름을 가졌다. 연등을 만들다가 지은 것이라며 종이 한 장을 수줍은 듯 건네준다.

다솔사 도량에서
연꽃과 연등 만드니
대웅전 처마 끝에 매달린 풍경 소리
옛 고향 찾아온 반가움에
청아한 목소리로
소리 실어 들려준다

오늘도 산승 연꽃 만들어

빈인연등(貧人蓮燈)에 불 밝힌다.

시승들이 있는 이 절을 앞으로는 시솔사(詩率寺)라 불러야 할까보다. 절터 앞으로는 '옥천청명(玉泉淸茗)'이란 예쁜 이름의 찻집 하나가 문을 열어놓았고, 절 뒤쪽으로 돌아가서 나무계단 삼백 개를 오르면 조그만 탑신 여섯 개가 놓인 작은 계단식 화단이 나타난다. 패랭이꽃, 옥잠화, 원추리와 비비추, 돌단풍, 꽃잔디 등이 심긴 화단엔 손이 많이 가 있다.

문 두드리는 사람 없는 절간에 외떨어져 살면서 꽃 가꾸고 차 만들며 간간이 시를 짓는 생활은 자유로울 것이다. 그러나 이것도 일상이 되면 속박이 없기에 오히려 자유에 무감해지는 것은 아닐는지. 자유란 그 무엇보다도 우선 자신에 대한 집착으로부터 벗어나는 것이란 생각에 잠겨본다. 이것이야말로 "선의 정신은 틀에 박힌 상투적 수단을 타파하는 데 있다"고 했던 조주고불(趙州古佛)의 가르침과 통하는 것은 아닐까.

오십대 점잖은 대학교수라는 상투적 틀에서 벗어나 홀가분히 머리를 깎음으로써 일상의 집착을 버린 것이 뜻밖의 자유로 되돌아온 것처럼, 차인이 찾아야 할 자유 역시 차를 속박하는 모든 형식과 상투적인 주문(呪文)에서 벗어나 다만 '맛있는 차나 한 잔 즐겁게 마시지' 하는 마음으로 돌아가는 데 있으리라.

제2부

그리운 사람, 그리운 하늘

세상에 피어난

연꽃 바라보느니

그대 없이

나도 없네.

바람 바라보는 연꽃처럼

연꽃 바라보는 바람처럼

그대 떠나면

나도 떠나네.

_ 이성선, 「인연」

차인의 향기

영종도 앞바다. 수평선으로 떨어지는 낙조가 잔물결 위에 반사되며 은빛 비늘처럼 반짝인다. 바람결에 팔랑일 때마다 삶의 의미를 문득 깨닫게 해주던 창밖의 잎사귀처럼 바다는 살아 있다. 미끄러지듯 물 위로 하강하던 비행기가 녹색 풀밭을 스치듯 지나 인천공항 활주로에 사뿐히 내려앉는다. 뉴욕 JFK공항을 이륙한 후 정확히 열세 시간 사십오 분 만이다. 교환교수생활을 마치고 귀국한 작년 여름 이래 두번째로 뉴욕을 방문하고 돌아오는 길, 녹차 여행이라 부를 만한 한 달간의 여정이었다.

여행의 첫번째 목적은 애틀랜타에서 열리는 '재미한인학교협의회' 연차 총회에서 한국 차문화에 대해 강연하는 일이었다. 시애틀에서 마이애미까지 미주 전역에 산재한 천여 개 한인학교에서 한국어와 한국 문화를 가르치는 교사 육백여 명이 참가하는 학술대회였다. 1973년 뉴욕에 한인학교가 처음 설립된 이래 미네소타, 실리콘밸리, 그린즈버러 등 각지에 차례로 세워지기 시작한 한인학교가 어느덧 삼십 년의 역사를 쌓았다는 증거인 듯 대회장에서는 이십오 년, 이십 년, 십오 년 근속상을 받는 교사들이 차례로 시상대에 올랐다. 전통차문화에 대한 관심도 뜨거웠다. 이십이 년째 계속되어온 대회에서 한국차를 소개하는 것이 처음이기도 했지만, 서양에서 붐처럼 일고 있는 녹차에 대한 관심도가 반영됐기 때문인 듯도 했다. 처음엔 강연 장소가 사오십 명이 앉을 수 있는 소회의실로 예정되었다가 메인홀로 바뀌었다. 강연장을 가득 메운 교사들과 끊이지 않는 질문, 준비해 간 다기에 우려내는 녹차를 맛보기 위해 시연 테이블 주변을 둘러싸고 차례를 기다리는 사람들, 연속적으로 터지는 카메라 플래시, 이렇듯 뜨거운 열기 속에 우리 차의 미래는 밝아 보였다. 휴스턴에서 열릴 예정인 내년 대회에서도 강의는 이어질 것이고, 언젠가는 전국의 한인학교마다 우리 차를 소개하는 과목이 개설될 수 있으리라는 흥분된 기대를 품고 뉴욕으로 돌아왔다.

두번째 일은 미국에 있는 '한국전통차사랑회' 회원들과 함께 뉴욕, 뉴저지 지역에 우리 차를 알리기 위한 활동을 펼치는 것이었다. 차를 좋아하는 사람들이 만나 함께 차를 마시며 우리 차의 맛과 멋을 발견하고자 모임이 처음 시작된 것은 2003년 봄이었다. 맨해튼 북부에 있는 뉴욕한인학교에서 학부모를 대상으로 실시한 한국차 강의와 뉴저지 포트리에 위치한 한국커뮤니티센터에서 실시한 차 강의가 계기가 되었다. 수요일 아침마다 열리던 차회가 삼 개월쯤 지속되다가 차사랑회란 명칭으로 공식 출범한 것이다. 이민 1세들이 주축을 이루지만 1.5세와 2세에

한국전통차사랑회의 차 시연 행사. 희고 검은 피부색의 아이들이 한데 뒤섞여 고사리손에 찻잔을 쥔 모습이 앙증스럽다.

대한 차 교육이 미국 사회에 한국차를 알리기 위한 통로라고 생각해왔는데 일 년 동안 조직의 규모도 웬만큼 커졌다. 기존의 수요차회와 월례회 외에 이번 여름부터 '다애(茶愛)'란 이름의 새로운 차회를 목요일 오전에 갖기 시작했다. 삼사십대 젊은 학부모들이 초중생 자녀들에게 차를 알려주고 싶다고 해서 별도의 차 시연회도 가졌다. 고사리 같은 손으로 다기를 만지며 직접 차를 우려내보고 싶어하는 모습이 앙증맞았고 처음 접해보는 녹차를 맛있게 마시는 모습들이 너무나 대견스러웠다.

미국에 도착해서 처음에는 뉴욕 주 외곽 타판에 있는 필리핀인 소유의 이층집에서 묵었다. 집 뒤로 딸린 넓은 정원엔 아름드리 오크나무 서너 그루가 하늘을 가리며 서 있고, 오랫동안 손이 가지 않은 듯 야생 장미와 이름 모를 들꽃들이 멋대로 자라고 있었다. 이상한 것은 햇빛이 잘 들고 수분이 충분한데도 수목들이 생기가 없고 하나같이 풀 죽은 모습이라는 점이었다. 사랑 없이는 황폐해지는 사람과 마찬가지로 나무들도 정을 받지 못하고 손이 가지 않으면 힘을 쓰지 못하는 모양이다.

귀국 날짜가 다가올수록 점점 더 분주해지고 초대받는 곳도 많아졌다. 여래성(如來性)도 그중의 하나였다. 의사로 일하다 은퇴한 남편과 둘이서 살고 있는 크레스킬의 이층 저택에는 깨끗한 풀장이 딸려 있고 거실에는 차 마실 공간이 별도로 마련되어 있었다. 법정 스님이 뉴욕을 방문할 때 가끔 머무신다는 집인데, 현관으로 통하는 드라이브웨이 좌우편에 커다란 오크나무 두 그루가 신장처럼 버티고 있고 찻상과 다기가 골고루 갖추어진 다실엔 좋은 차가 있었다. 삼남 일녀를 두었는데 네 자녀가 모두 하버드 대학을 졸업한 입지전적인 이민가족이다. 자녀들을 모두 떠나보낸 후 처음으로 맞는 여가 속에서 그림과 서예를 배우고 가야금을 뜯으며 한편으론 차맛에 깊이 빠져들고 싶어하는 부부의 소탈하면서도 진지한 모습이 오래된 차인의 향기처럼 다가왔다.

애틀랜타 대회에서 만난 박은비씨는 운동권 출신의 386세대이다. 서울대 사회학과를 졸업한 그녀는 뉴욕의 어느 회사에서 일하며 십삼 년째 한인학교에서 교편을 잡고 있고 남편은 월간지 편집인이다. 오누이처럼 다정해 보이는 두 사람과 함께 앉아 이야기를 나누기 시작한다. 치열했던 학창시절부터 80년대 말의 이민 초기를 거쳐 한 아이를 키우고 있는 지금까지 팽팽히 이어져온 삶의 긴장, 그 속에 숨겨진 거칠고도 건조한 일상에 변화가 오는 것일까. 어느 결엔가, 서먹하던 자리에 연두색 찻물이 배어들며 잊었던 시 한 편이 차향 속에 피어난다.

녹차 한 잔 어떨까요.
침묵 속으로 들어와서
눅진 마음
빳빳하게 풀기 세우는
한 잔의 산빛 온기.
둘이 아니어도 되는, 그래
혼자라도 괜찮은
시간 밖의 시간을 살게 합니다.
녹차 한 잔 어떨까요.
꿈이 있던 자리에 돋아나는
작은 공허는, 비 오는 날
피우지 못한 무지개.
거기, 그 산마을에 여태
살고 있습니다.

— 김명배, 「녹차」 중에서

'신묘한 기운 일어날 때 물이 흐르고 꽃은 저절로 피네(妙用時水流花開)' 라던 추사의 노래처럼 그들이 함께 만드는 잡지의 무거운 지면에서도 부드러운 녹차의 온향(溫香)이 서려 오르기를 바라본다. 차는 자신만의 향기를 뿜는 것이 아니다. 진정한 차향은 차를 마시는 사람의 인품과 차 자리의 인정이 본래의 차향기와 함께 어울릴 때 비로소 완성되는 것이 아닌가 한다.

시인과 나무

연구실 창밖에 튤립나무 한 그루가 있었다. 다실로도 써서 차꾼들이 자주 들르던 방이었다. 늦은 봄날, 차탁(茶卓)에 앉으면 남향인 창문 밖으로 탐스러운 연둣빛 꽃봉오리가 손에 잡힐 듯 가까이 다가와 있기에 들르는 사람들로부터 늘 무슨 나무냐는 질문을 받곤 했다. 내가 튤립나무라고 하면 대부분은 튤립이 꽃이지 무슨 나무냐면서, 또 저렇게 큰 튤립이 어디 있느냐고 한마디씩 핀잔을 주기에 사전을 찾아보았다. 사전에서는 튤립과 튤립나무를 이렇게 구별해 설명하고 있었다.

튤립(tulip) : 아시아 터키 지방이 원산인 백합과(Lily family)에 속하는 구근성 식물. 창 모양의 잎을 가졌고 컵 혹은 종 모양으로 된 다양한 색깔의 크고 아름다운 꽃을 피운다. 'tulibent' 라는 터키어에서 유래.

튤립나무

튤립나무(tulip tree): 미국 동부지역이 원산인 목련과(Magnolia family)에 속하는 키 큰 낙엽성 식물. 넓은 잎을 가졌고 커다란 컵 모양의 녹색과 오렌지색 꽃을 피운다. 'yellow poplar' 또는 'tulip poplar' 라고도 불린다.

사전에 의해 튤립나무란 이름은 분명해졌지만 그러한 논쟁은 아랑곳하지 않고 나무는 사철 내내 그곳에 서 있으면서 계절의 변환과 함께 철마다 다른 자연의 선물을 듬뿍듬뿍 방으로 보내주곤 했다. 그때 썼던 시 한 편이 있다.

나에겐 조그만 방이 하나 있어요.
남쪽으로 창이 난 밝은 방이지요.
문을 열고 들어서면 차 향기가 풍겨요.

창밖엔 한 그루 나무도 있지요.
봄에는 오렌지색 꽃이 피고
여름엔 큰 그늘이 되어주어요.
가을마다 피어나는 단풍꽃 지고 나면
겨울 창밖으론 눈이 내리곤 하지요.
깨끗하게 비워진 나뭇가지 새로 비추는
햇볕이 따뜻한 방이어요.
언제나 차 내음 은은한 방에 앉아
계절 따라 정이 묻은 편지를 쓰곤 하지요.
봄비처럼 가슴을 적셔주다가
닿는 순간 봄눈처럼 녹아내리는
요술 같은 사연들로 가득한 편지여요.

그 나무가 서 있는 자리에 경영대학 건물을 짓기 위한 공사가 시작된다고 해서 금년 봄에 연구실을 비웠다. 지상 오층에 달할 정도로 크게 자란 튤립나무는 옮겨 심기가 쉽지 않을 터이니 아마도 그 나무에 움트는 봄을 느끼는 것도 마지막일 거란 생각에 가슴이 아렸다. 나무를 보면서 책상 앞에 앉기만 해도 시상(詩想)이 흐르고 찻상에 앉으면 차맛이 저절로 우러나던 그때를 생각하면 아쉬움은 더욱 심해진다. 그때 썼던 시를 이제는 과거형으로 바꾸어 '예전엔'이란 제목이라도 달아야 할까 보다.

새로 옮겨온 연구실은 북쪽으로 고황산(高凰山)이 보이고 연구실과 산 사이에 도서관 건물이, 도서관과 연구실 사이엔 아름드리 포플러 나무가 가로막고 서 있다. 무성한 잎들 때문에 여름엔 산밖에 보이지 않더니 겨울이 되자 숨겨졌던 모든 것이 앙상한 가지 사이로 드러나 보인다. 휑하니 뚫린 풍경을 바라보면서 지난봄을 다시 기억해본다. 시간은 기억들마저 함께 지우며 흘러가지만 그러다 언젠가는 떠나온 옛 곳이 그리워지듯 다시금 지워진 기억들을 살려내주는 은총을 지녔다. 그러한 기억 속에는 언젠가 봄에 함께 있었던 시인에 대한 그리움도 살아 있다.

속초 해변의 어느 횟집에서 만났을 때 그 시인은 내게 물었다. "회계학에선 가장 의미 있는 숫자가 무엇이지요?" 시인과 회계학 교수, 다소 엉뚱해 보이는 만남이었기에, 그리고 회계가 숫자를 기본으로 하는 학문이기에 시인은 아마도 특별한 대답을 기다리는 듯했다. 자기에게는 7이 그런 숫자라고 했다. 병아리는 21일(7×3) 만에 부화하고 사람은 280일(7×40) 만에 태어나고 달은 14일(7×2) 만에 만월과 그믐을 되풀이하고 죽은 사람은 49일(7×7) 만에 황천을 건너가고……

내가 그때 무어라고 대답해주었는지는 기억에 없다. 내가 좋아하는 숫자를 말하라면 쉽게 대답할 수 있었을 것이다. 그러나 그가 물은 것은 회계학이었다. 0부터 9까지 어느 하나도 차별을 둘 수 없는, 아니 차별을 두어서도 안 되는 학문의 특성 때문이었을까. 굳이 대답을 했다면 숫자 중 가장 늦게 발견되었으면서 시작과 끝을 동시에 의미하는 0이란 숫자를 꼽았을 것이다. 0은 없음인 동시에 모든 것의 합이자 시작이며 끝이라고도 할 수 있는, 그래서 자연에 가장 가까운 숫자일 수 있으니까. 본시 없음에서 태어난 시인은 그 얼마 후 태어난 지 꼭 육십 년 만에 다시 본래의 없음으로 되돌아갔다. 그의 몸이 본래 흙으로 만들어졌던 것처럼 죽어서는 다시 흙이 되어 백담사 근처 야산에 뿌려졌다. 그는 비록 갔지만 계절이 바뀌면 언제나 그가 남긴 시는 바람으로 되살아나 남은 자의 주변으로 불어오고, 또 때로는 창밖의 나무처럼 언제나 한곳에 서 있다. 나무의 시인이기 때문이었을까, 산시를 즐겨 쓰던 설악산 시인이기 때문일까. 가진 잎을 모두 떨어뜨리고도 을씨년스러운 한겨울 추위 속에 굳건히 서 있는 나무를 보면서 남겨진 시 한 편을 떠올려본다.

가지에 잎 떨어지고 나서
빈 산이 보인다
새가 날아가고 혼자 남은 가지가
오랜 여운에 흔들릴 때
이 흔들림에 닿은 내 몸에서도
잎이 떨어진다
무한 쪽으로 내가 열리고
빈 곳이 더 크게 나를 껴안는다
흔들림과 흔들리지 않음 사이
고요한 산과 나 사이가

갑자기 깊이 빛난다

내가 우주 안에 있다

— 이성선, 「흔들림에 닿아」 전문

무엇 하나 건드리지 않고 세상을 건너갈 수 없을까 고민했던 시인, 죽을 때까지도 산만 보면 마음 두근거려 합장하고 새벽이면 일어나 산을 향해 삼배한다던 시인, 그만한 서정시인을 우리가 또 가질 수 있을까. 가지에 잎 떨어지고 나서 빈산이 보이듯 나무처럼 아름다운 사람, 나무처럼 외로운 사람으로 살았던 시인의 빈 곳이 요즘 들어 더욱 크게 나를 껴안고 있다.

바람에 휘는 나무를 보면

그대와 내가 마주 보고
그대가 나의 누구인가를 묻고 있을 때
그대는 내게서 멀어지고 있었네.

이렇게 시작되는 시 한 편이 지금도 오래된 일기장 속에 누렇게 변색된 종이로 남아 있다. 1973년 조선일보 신춘문예 시 부문 당선작인 「연가戀歌」, 삼십여 년 세월이 흐른 지금까지도 마음속에 아련한 서정으로 살아 있는 정겨운 시다. 이 시를 처음 만난 것은 용산에서 육군 중위 계급장을 달고 한창 군 복무에 열중하고 있을 때였다. 이 나라 지성계의 르네상스 시대라 불렸던 70년대 초, 『문학과지성』 『지성』 등에 실리는 글들을 읽으면 공연히 가슴이 떨리고 문학청년도 아니면서 일간지 신년호마다 발표되는 신춘문예 당선작을 찾아 읽는 것을 비할 데 없는 기뿜으로 여기고 있을 때였다. 나의 감성코드에 맞아떨어진 때문이었을까. 신문에서 곱게 오린 그 시 한 편을 책갈피에 끼워놓았던 것이다.

겨울의 눈 덮인 들에 서건
별이 숨은 어두운 강에 서건
스스로 가득하며 따뜻했던 우리
우리가 거주할 정원의 나무
목련과 라일락 곁에서
정오가 던지는 은빛 그물 안에서
서로의 모습을 정립하려 했을 때
우리는 흔들리기 시작했네.

이렇게 계속되는 긴 시를 외우고 낭송하고 사랑했던 기억, 그러나 당선작 한 편을 남기곤 이름도 없이 사라져간 숱한 신인들처럼 그도 소리 없이 사라져갔고, 시간이 흐르면서 이 시도 뇌리에서 점차 지워져갔다. 그를 다시 발견한 것은 전혀 우연이랄 수밖에 없다. 문학수첩이 발간한 『현대시 100년 한국명시감상』이란 다섯 권의 전집 속에 이 시가 실려 있었던 것이다. 그러나 "윤상운, 1947년 대전 출생, 1973년 조선일보 등단"이란 한 줄의 약력은 시인의 근황에 대한 아무런 단서도 제공해주지 못했다. 우연은 이어지는 것일까. 버릇처럼 인터넷 포털사이트에서 신간서적을 뒤적이다가 어딘가에서 다시 그 이름과 부딪쳤고 샘플로 실린 시의 정서에서 「연가」를 떠올렸다. 나는 인터넷서점을 모두 뒤졌다. 오직 한 군데 알라딘이란 서점에서 '달빛 한 쌈에 전어 한 쌈'이란 시집 이름이 검색되었다. 오프라인 세계에서 잃어버렸던 시인과 삼십 년 만에 사이버공간을 통해 조우한 것이다. 일주일 후 주문한 시집이 도착했다. 시집엔 처음 보는 작가의 상반신 사진 한 장이 덜렁 올라와 있었지만 그것으로 충분했다. 연시들로 가득 채워진 시집, 산사의 고요를 떠올리게 하는 조용한 독백, 그러나 무엇보다도 새벽같이 신선하면서도 새털처럼 포근했던 예전의 시어들이 잃어버린 세월은 아랑곳없다는 듯 한 점 오염 없이 그대로 살아남아 풀잎처럼, 물고기 비늘처럼, 그리고 청신한 날개를 팔랑이며 비상하는 작은 새처럼 찬란히 빛나고 있었기 때문이었다.

바람에 휘는 나무를 보면
내가 바람을 미워하지 않았음을
알게 된다.
저 힘겨운 반원의 되풀이 속에
잃은 것은 다시 돌아온다.

바람에 휘는 나무를 보면
내가 그대를 미워하지 않았음을
알게 된다.

그 어두운 강가에서 돌아온
나의 가슴 속
반듯하게 일어선 그대의 웃는
모습 보여주리.

—윤상운, 「바람에 휘는 나무를 보면」 전문

장자가 말했듯 "겉으로 드러난 형상은 인연을 막을 수 없고 인연이란 떨어질 수 없는 것이니(形莫若緣 緣則不離)" 결국은 떠났던 자리로 되돌아오기 마련인 모양이다. "오랜 세월이 지난 후 문득 시를 쓰고 있는 나 자신을 발견했다"는 시인, 전보다 자주 울고 눈물로 세상이라는 숲을 다시 보고 있을 뿐 달라진 것은 없다며 다만 좋은 시를 주소서 기도한다는 시인의 기쁨처럼, 내게도 잃었던 시인을 다시 찾은 반가움이 있어 이 봄엔 흰 눈처럼 교정에 날리는 벚꽃잎들이 한결 더 싱그러워 보이는 모양이다.

보고 싶은 너
—여유란 결국 버릇인 것을

"그리움, 낙엽, 과일, 추억, 사랑……" 시험 준비에 충실하지는 못했지만 그래도 상상력으로 점수를 얻으려는 학생들의 노력은 계속된다. "노을, 단풍, 미움, 곶감……" 3학년 회계감사 시험의 맨 끝 문제를 채우기 위한 애교 있는 시도들이다.

보고 싶은
너
가을 햇볕에 이 마음 익어서
( )이 되네

「가을 햇볕에」란 시의 첫 구절인데 정답은 '음악'이다. 김남조 시인이 찾아낸 시어가 그렇기 때문이다. 회계학 시험에 웬 시가 나오느냐고 불평하는 학생은 없다. 교과서 각 장마다 한 편씩 실려 있는 시가 시험범위에 포함된다는 것을 모두 다 알기 때문이다. 시는 이렇게 완성된다.

말은 없이
그리움 영글어서
가지도 휘이는 열매,
참다못해
가슴 찢고 나오는
비둘기떼들,

들꽃이 되고
바람 속에 몸을 푸는
갈숲도 되네

가을 햇볕에
눈물도 말려야지
가을 햇볕에
더욱 나는 사랑하고 있건만
말은 없이 기다림만 쌓여서
낙엽이 되네

아아
저녁해를 안고 누운
긴 강물이나 되고지고

보고 싶은
너
이 마음이 저물어
밤하늘 되네.

회계학 책을 처음 낼 때 좋아하는 시 몇 편을 함께 싣기로 한 것은 좀 엉뚱하기는 하지만 시를 사랑하는 내 나름의 방법이라 할 수 있었다. 초판에서 선택한 시들은 대부분 대학 시절 애송했던 김춘수, 박두진, 김현승 등 옛 시인들의 것이었다. 판을 거듭하면서 시인들도 바뀌어갔다. 정호승, 이성선, 신경림 등 중견 시인들에 류시화, 안도현 등의 색채가 입혀지고 때로는 칼릴 지브란의 번역시와 내 습작들도 한두 편씩 끼어들었다. 차시(茶詩)가 등장하면서 자연스럽게 녹차 이야기로 이어지는 경우도 있었다.

차가운 물을 길어다
단지에 붓고 불을 지핀다.
아지랑이처럼 김이 피어나며

물이 끓는다.
찻잎을 한 술쯤 덜어
다관에 넣고 물을 식힌다.
물에 잠긴 찻잎이
서서히 기지개를 켜면
검푸르던 빛깔은
신록으로 살아나
빛을 발하기 시작한다.
연한 향내와 녹색이 살아 있는
차를 마실 때
거듭나는 생명을 함께 마신다.

너무 서술적이고 호흡이 느리지 않느냐는 어느 학생의 질문에 차는 건강을 위한 기능성음료이기 전에 아름다움이며 아름다움은 여유에서, 여유는 느림으로부터 나오는 것이라고 말해준 기억이 난다. 반응은 나쁘지 않았다. 숫자가 주로 나오는 딱딱하고 지루한 회계학 시간, 피하곤 싶지만 공인회계사 시험이니 취업이니 해서 피해갈 수도 없는 전공시간에 정겨운 시 한 편을 가끔 읽을 수 있다니…… 수업중이지만 그 순간만큼은 휴식과도 같은 기분일 것이다. 공부한다는 것, 특히 지루한 회계학 수업을 열심히 듣는다는 것이 그들에겐 무엇일까. 여유 있고 행복한 삶을 찾기 위한 과정일까, 그것이 목표라면 행복은 언제 얻어지는 것일까.

“행복해지기 위한 두 개의 길이 있다. 욕망을 줄이든가, 가진 것을 늘리는 것이다”라고 말한 사람은 젊은 시절의 벤저민 프랭클린이었다. 그러나 “욕망의 절반이 이루어지면 고통은 두 배가 된다”고 했던 사람 또한 만년의 그였다. 영국에 “한 치(寸) 주니 한 자(尺) 달라 한다”는 속담이 있고, ‘벼 아흔아홉 석 가진 사람이 한 석 더 채우려 한다’는 우리 속담도 있는 것을 보면 욕망이란 결코 채워질 수 없는 신기루 같은 것은 아닐까. 노자가 이천오백 년 전에 ‘만족할 줄 아는 사람이 부자다(知足者富)’ ‘욕심내지 않으면 고요해질 수 있다(不欲而靜)’ 말하고 장자가 ‘물질은 물질일 뿐이니 물질에 빠지지 말라(物物而不物於物)’고 이야기한 것도 아마 같은 맥락에서일 것이다.

책에 수록된 시들 중 학생들에게 가장 즐겨 읽어주던 시, 그리고 출판할 때 원고를 따라가며 활자를 뽑던 식자공들이 가장 좋아하던 시는 김현승 시인의 「인생을 말하라면」이었다.

인생을 말하라면 모래 위에
손가락으로 부귀를 쓰는
사람도 있지만

인생을 말하라면 팔을 들어
한 조각 저 구름 뜬 흰 구름을
가리키는 사람도 있지만

인생을 말하라면 눈을 감고
장미 아름다운 가시 끝에
입 맞추는 사람도 있지만,

인생을 말하라면 입을 다물고
꽃밭에 꽃송이처럼 웃고만 있는
사람도 있기는 있지만

인생을 말하라면 고개를 수그리고
뺨에 고인 주먹으로 온 세상의 시름을
호올로 다스리는 사람도 있지만

인생을 말하라면 나와 내 입은
두 손을 내밀어 보인다.
하루의 땀을 쥔 나의 손을
이처럼 뜨겁게 펴서 보인다,

이렇게 거칠고 이렇게 씻겼지만
아직도 질기고 아직도 깨끗한 이 손을
물어 마지않는 너에게 펴서 보인다.

무엇이 되는 게 중요한 것이 아니고 되고 난 후에 비로소 하고 싶었던 일을 할 수 있는 것도 아니다. 주어진 삶과 지금의 일을 사랑하면서 시 한 편 읽으며 살아갈 수 있다면 그것으로도 자족할 만한 삶이 아닐까. 봄이 오면 질서를 지켜가며 순서대로 꽃망울을 터뜨리던 꽃들이 금년엔 모두 한꺼번에 피었다. 온난화 현상 때문인지 산수유도, 목련도, 벚꽃도, 진달래, 개나리와 매화까지도 다투어 피어난 교정을 내려다보면서 회계학 책과 함께 시를 읽으며 여유를 훈련받았던 내 학생들, 부드러움과 견고함을 함께 갖춘 어른이 되어 'Carpe Diem!'이라는 정문 앞 카페 이름처럼 오늘에 충실한 자신의 삶을 살고 있기를 기대해본다.

산초마을에 피는 꽃

용이 잠들어 있다는 전설을 품고 있음 직한 용면리(龍眠里), 저수지를 끼고 돌아 차 한 대가 지나갈 만한 비포장도로를 이 킬로미터쯤 오르다보면 어느 순간 무릉도원이 열리듯 시야가 트이면서 넓은 공터가 나타난다. 높직한 언덕 위에 덩그렇게 집 한 채가 얹혀 있고 해발 450미터 국수봉(國守峰) 고지를 배경으로 편안하게 앉은 동남향 집자리는 영락없는 절터다. 불갑사의 수산 스님이 잡아준 자리이다보니 집 뒤로 한 단 높게 닦인 공터에 선방을 차리면 어울릴 것 같다는 생각까지 든다. 과연 도공과의 인연은 어디까지 닿을 것인지. 경기도 이천시 용면리 산초마을 408번지, 산길을 따라 좌우로 띄엄띄엄 들어선 집들이 다 끝나버린 곳에 숨은 듯 자리잡은 우송의 새 도요지이다.

남쪽으로 먼 하늘 아래 설봉산(雪峰山) 정상을 정면으로 건너다보며 전시관과 살림집, 작업장이 'ㄴ' 자 형태로 누워 있다. 1975년 이천군 신둔면 인후리에 처음 자신의 요장을 마련한 후 삼십 년 만에, 그리고 신둔 초등학교 담장 안에 우송움막을 마련한 후 이십 년 만에 그가 처음으로 가져보는 집이라고 할 수 있을까. 이제부터 이 집이 아내와 함께 살 집이고 도공의 계보를 이어갈 큰딸 현진과 함께하는 작업장이며 자신의 작품들을 모아놓은 전시관인 것이다.

'마음이 넉넉한 사람들이 모이는 날'이라고 이름 붙여진 전시관 개관식 겸 집들이 날, 서울에서 커다란 차 행사가 열리는 날이었음에도 수산 스님을 비롯한 수많은 스님들과 경향 각지에서 떠나온 사백 명 넘는 차인, 차모들이 산초마을로 모여들었다. 정갈하게 마련된 음식이 있고 마실 차가 온종일 넘쳐나고 집에서 담가온 막걸리도 흥을 돋우어주는 가운데 임동창의 피아노 반주에 따라 바람 소리와 새소리, 계곡을 흐르는 물소리가 어울려 코러스를 연주한다. 소리와 차와 흥이 있는 자리에 어찌 차인들 그리움이 없을쏜가.

이 그리움은 우송 김대희가 1971년 처음 도공의 길로 들어선 이후 삼십여 년간 한결같이 지켜온 소박한 삶의 모습에 대한 그리움이며 본격적으로 다기를 만들기 시작한 1979년부터 그가 빚어온 차그릇의 단아한 선에 대한 그리움일 것이다. 또한 흙 작업부터 시작해서 장작가마에서 꺼낼 때까지 오로지 그의 손만으로 이루어지는 고독한 작업 끝에 태어나는 청자와 백자, 분청이 뿜어내는 색감과 질감에 대한 우리들의 동경이기도 할 것이다. 『동다송』에 인용된 차의 향이 네 가지라면 우송 다기에서 풍기는 향은 표리일여(表裏一如)의 순향이 아닐까. 사람들의 언행이 달라서는 안 될 것처럼 도공의 모습과 생활, 그가 빚어내는 작품이 다를 수는 없을 것이다. 언젠가 나는 그가 사는 모습을 이렇게 그려본 적이 있다.

나는 마음을 비우고 생활을 비움으로써 살아가는 모습 자체가 아름다울 뿐 아니라 그들이 빚어내는 작품까지를 아름답게 하는 두 사람을 알고 있다. 한 사람은 설악산 기슭에서 태어나 오십여 년간 산 주위만을 맴돌면서 깨끗한 산시를 쓰는 시인이고 또 한 사람은 경기도 이천에서 아내 정옥과 두 딸 현진, 현아와 함께 살고 있는 우송이다. 그는 그곳에 진흙을 발라 집을 짓고 가마를 놓아 스스로 우송움막이라 이름 붙인 곳에서 그들이 사는 모습만큼 정갈하면서도 금방 날아올라갈 듯 날렵한 모습의 도자기를 구워낸다.

스무 평이 좀 넘을 듯한 전시관 한쪽에 마련된 차실에 앉아 남으로 창이 난 전시실에 가지런히 진열된 작품들을 내려다보면서 우송이 차를 우려낸다. 덥수룩한 머리에 편안한 옷차림을 한 팽주의 모습이 분청다기의 질박한 모습을 닮았다고 한다면 그의 손놀림은 백자처럼 유연하고 그가 우려내는 녹차에선 청자와 같은 깊은 청량감이 오래도록 입안을 맴돈다. 아마도 이러한 느낌은 "흙에는 그 특성대로 마음이 따로 있다. 청자는 청자 흙이 갖는 마음이 있으며 분청은 분청대로, 백자는 백자대로 흙의 고집이 있다. 도공이란 누구보다 흙의 마음을, 또 흙의

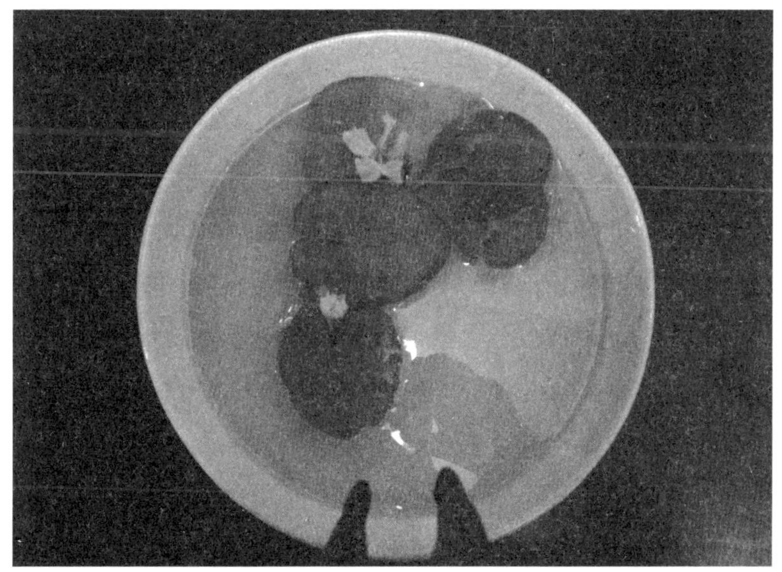

경기도 이천의 '우송움막'에서 만난 단아한 그릇.

고집을 읽어내는 존재일지 모른다"라며 겸손해하는 그의 모습이 가식이 아니라는 것을 알기 때문이리라.

그의 작품이 풍기는 향기를 순향이라 표현하는 이유도 여기에 있다. 차의 네 가지 향기 중에서 진향이 찻잎에 달린 것이라면 난향은 찻잎을 덖을 때의 불의 조건에 따른 것이고 청향은 차를 우릴 때의 물의 조건에 따라 달라진다고 할 수 있다. 좋은 찻잎을 알맞은 불의 온도로 균정하게 덖어낸 후 중정(中正)을 지키며 정성스레 차를 우려낼 때 진, 란, 청의 세 가지 향이 완성되는 것이다. 그렇다면 순향의 조건은 무엇일까. 차맛을 내는 또하나의 조건이 다기라는 것을 모르는 차인은 없다. 순향은 있는 그대로의 향기일 뿐만 아니라 문질빈빈(文質彬彬, 내용과 그 내용을 표현하는 형식이 함께 빛남)의 향기이다. 순향의 비밀이 바로 다기에 숨어 있는 것이다. 도공의 삶이 향기를 내지 못하고 다기가 도공의 향기를 담아내지 못한다면 어찌 이러한 향기를 뿜어낼 수 있을 것인가.

"흙을 아껴라, 어렵게 만들고 어렵게 배워라." 스승의 가르침을 평생 동안 기억하면서 흙의 마음을 읽고자 노력해온 도공의 삶은 아마도 자연과 하나 되는 길을 찾기 위한 구도의 길이 아니었을까. 다기와 차, 차와 생활, 그리고 생활과 자연이 하나 되는 도공의 꿈이, 잠든 용이 눈을 뜨고 일어나듯 이제 이곳 산초마을에서 큰 꽃으로 피어나 순향처럼 부드럽게 차 자리를 감돌면서, 혼탁해진 마음자리를 깨끗하게 씻어줄 수 있기를 기원하는 마음이다.

뉴욕의 가을

아침에 눈을 뜨고 침대에 누운 채로 올려다보면 소담스레 터져나온 석류알처럼 빠알갛게 단풍 든 잎새들이 창문에 가득했는데 어느새 그 모습이 아니다. 잎새를 모두 떨어뜨린 나무가 파뿌리처럼 가늘어진 가지들만을 쓸쓸히 드러낸 채 그 자리에 서 있다. 한국의 여름장마를 연상케 하는 비가 주말 내내 내린 뒤부터이다. 비 때문만은 아닐 것이다. 단풍을 보겠다고 업스테이트 뉴욕의 베어마운틴 쪽으로 한 시간 남짓 올라간 나들이길에서 첫눈을 만났던 것이 벌써 몇 주 전 일이니까. 현관문을 열고 나가면 바로 공원이다. 사백 미터 트랙으로 둘러친 미식축구장이 있고 그 옆으로 잔디 축구장, 야구장과 테니스장, 농구장 등이 골고루 갖춰진 제법 규모가 있는 스포츠공원이다. 천천히 운동장을 돌기 시작한다. 이곳에 온 후 처음으로 시작한 달음질이다. 한 바퀴 두 바퀴씩 뛰던 것이 이제 열 바퀴를 거뜬히 달릴 정도로 늘었다. 달리기를 멈추고 벤치에 앉아 숨을 고르며 널따랗게 펼쳐진 풀밭을 응시한다. 살이 통통히 오른 다람쥐들이 겨우살이 준비를 하느라 부지런히 뛰어다니고 바람이 불 때마다 노란 낙엽들이 꽃잎처럼 흩날리며 풀밭을 덮기 시작한다. 아직도 푸른 잔디 색깔과 그 위를 구르는 낙엽의 노란색이 모자이크처럼 섞이면서 자연스런 조화를 만들어낸다. 공원 옆으로는 퍼세익(Passaic) 강이 흐른다. 이 강은 남으로 흘러 허드슨(Hudson) 강으로 합쳐진 후 곧 대서양으로 흘러드는데 대서양이 만조가 되면 강물은 북으로 역류한다. 물이 한쪽으로만 흐르는 것이 아니란 것도 이곳에서 처음 발견한 사실이다.

집에서 학교까지는 십 마일 남짓한 거리다. 허드슨 강의 또다른 지류인 해컨색(Hackensack) 강변에 위치한 캠퍼스의 경영대학 빌딩 이층에 있는 창문 없는 방이 연구실이다. 문을 닫으면 바닥을 제외한 다섯 면이 모두 흰빛 일색이고 전깃불을 끄면 말 그대로 블랙박스다. 그러나 그곳에 있는 컴퓨터가 순식간에 나를 세상 어느 곳과도 연결시켜준다. 인터넷에 들어가 한국 신문을 읽고는 메일박스를 열어 하루 동안 내게 온 편지들을 점검하기 시작한다. 아침마다 열 통쯤의 편지가 기다리고 있다. 대부분은 뉴스레터와 공적인 문서들이지만 한두 통이라도 감정 실린 편지들이 들어 있는 날은 시작부터 능률이 오른다. 꾸준하게 학교 소식과 함께 잔잔한 감상을 적어 보내주는 '허산(虛山)'의 글이 있고 '고산청(高山靑)'은 그 이름처럼 고고히 살고 있는 자신의 삶을 그린 듯이 보여주는 글을 가끔 보내온다. 지난달에 동아 마라톤을 완주하더니 12월엔

동해의 눈바람을 맞으며 호미곶 코스를 뛸 계획을 세워놓고 있다. 여기서 하는 일이란 미국에 도착한 후부터 시작한 논문을 집필하는 것이다. 어느새 둘이 되어버린 내 전공을 하나로 연결시키는 작업이랄까, '회계' 와 '예술' 을 연결하다보니 주제는 '예술회계' 가 되었다. 한국에서 가져온 과제는 문화예술단체들이 따라야 할 회계기준을 만드는 일이다. 귀국할 때까지는 끝마쳐야 할 숙제이지만 언제나 그렇듯이 해야 할 일들은 늘 뒷전으로 밀려난다. 무엇보다도 먼저 차를 마실 일이다.

학교에 도착해서 방을 배정받자마자 연구실 한편에 다실을 차려놓고 가져온 다기들을 늘어놓았다. 녹차와 발효차가 갖추어져 있고 지난달에 서울 다녀온 불자 한 분을 통해 우송이 보내준 뽕잎차도 봉지를 열고 있다. 누에는 이 잎을 갉아먹고 나는 이것을 우려 마시니 나와 누에가 다를 것이 무엇인가, 뽕잎차를 마실 때마다 생각하는 화두이다. 백림사(白林寺) 주지인 혜성 스님이 나눠준 차도 한 조각 남아 있다. 백림사는 맨해튼에서 북으로 한 시간 반 정도 올라간 곳에 한국의 전통사찰 양식으로 지어놓은 절이다. 십만여 평의 넓은 경내에 동남향으로 앉은 법당인 대적광전을 지은 나무는 모두 한국에서 배로 실어왔고, 미국의 까다로운 건축규제 때문에 짓는 데만 십 년 넘게 걸렸다고 한다. 법당 옆에 범종각이 있고 그 앞으로 넓은 주차장과 종무소, 요사채가 있으며 그 옆에 무쇠난로가 놓인 가건물이 차실로 쓰인다. 절 뒤로 돌아가 산책로처럼 열린 산길을 오 분쯤 걸어오른 곳에는 통나무로 지어진 산신각이 등산객을 위한 피난처처럼 숨어 있다.

플러싱에 있는 상운사(祥雲寺)의 효원 스님은 이곳에서 만난 또다른 차 친구이다. 이 절은 산중에 외따로 떨어져 세워진 백림사와 달리 주거 지역 한가운데 있는 삼층집을 절로 꾸몄는데 일층에 법당이 있고 이층이 설선당, 삼층은 요사채로 쓰인다. 법회가 열리는 주말시간을 피해서 이곳을 찾으면 차 종류가 골고루 갖추어진 차실에서 조용한 차회가 벌어진다. 효원과 함께 있다가 지난달에 서울로 돌아간 적묵 스님은 차맛을 감별하는 데도 뛰어나지만 절 음식에도 조예가 깊다. 조지워싱턴 브리지와 스로그넥 브리지를 건너 뉴저지에서 여기까지의 먼 길을 드라이브해오는 이유로는 차와 함께 이 음식에 대한 그리움도 톡톡히 한몫을 했을 것이다. 한국에서 보내오는 차 잡지도 어느새 세 권이나 쌓였다. 9월호까지는 글을 실었는데 이곳에 온 뒤부터는 글을 보내지 못하는 것이 안타깝다. 이곳에선 미국식의 건조하면서도 호흡이 짧은 글밖에는 써지지 않는다. 불타는 단풍산을 바라보아도 사진을 보듯 그저 아름다운 풍경이라고만 여길 뿐 가슴을 진하게 물들이며 떨려오는 감정의 요동이 없다. 서울을 떠나면서 맞고 왔던 '그리움의 예방주사'가 효력이 다한 것인지, 아니면 한국인인 내가 이곳에 머무는 동안은 결국은 국외자요 언제나 관객일 수밖에 없다는 자각 때문인지, 그래서 나는 오늘도 "찻잔 두 개 마주 놓고 / 번갈아 마시며 / 혼자서 취하여 앉았다가 / 날 저물면 / 품속에서 / 노래 하나 꺼내들고 / 소리 죽여 껴안고 울다가 / 그냥 바라보고 웃는" 모양이다.

새벽들판에 햇살이 바느질하듯

연구실을 벗어나 오후의 강가로 나갔다. 이 시간쯤 되면 강물은 남에서 북으로 역류하기 시작한다. 만조가 된 대서양이 바다로 흘러드는 강물의 흐름을 막으면서 뭍으로 밀려들어오기 때문이다. 물 위를 떠돌면서 한가롭게 자맥질하는 오리들의 모습이 자못 평화롭기만 하다. 강가에서 가느다란 나뭇가지 하나를 꺾어늘고 방으로 들이왔다. 책상 한 구석엔 지난가을, 상운사를 찾았을 때 비구니 스님 한 분이 선물로 준 자그마한 옹기 등잔 하나가 놓여 있다. 등불을 켜듯 손잡이를 들어올려 나뭇가지를 심지구멍에 꽂아넣고 기름 대신 찻물을 부어주었더니 이틀이 지나자 가지의 마디마디에서 연녹색 새 움이 터오르기 시작한다. 창문 하나 없이 사방이 흰 벽으로만 둘러싸인 연구실에도 봄이 들어온 것이다.

창문이 있어야 할 한쪽 벽에 바다 그림을 걸어놓은 방이다. 파도가 세차게 몰아치는 동해바다에 해면으로 부상한 잠수함처럼 섬 하나가 떠 있고 아침해가 솟아오르면서 바닷물 위로 선명한 길이 나 있는 그림, 옥션에서 구입한 '솔섬'이란 제목을 가진 북한 화가의 그림이다. 창문이 없는 방에서 이 그림이 창문 역할을 한다. 그림을 볼 때마다 창문을 통해 밖으로 펼쳐진 바다를 보고 있는 듯한 느낌에 젖는다. 혼자이지만 언제나 두 개의 찻잔을 준비하고는 찻물을 올려놓는다. 오늘은 4월 초하루, 잔인한 달로 알려진 4월이 이제 가장 그립게 느껴지는 것은 아마도 곡우가 있는 달이기 때문일 것이다. 지리산 자락에서 하루가 다르게 커가고 있을 보랏빛 찻잎을 그리며, 바위틈 산언덕을 숨 가쁘게 오르내리고 있을 차농부들의 바쁜 마음 자락을 연상하면서 차를 우려낸다. 마음은 어느새 그곳의 새벽들판으로 달려가고 있다.

새벽들에는
간밤에
산 그림자 내렸던 자리가 다르네.

향기로운 꽃들이
이상하게 그곳만 더 눈부셔라.

누군가 차갑고 긴 옷자락을
몇 번씩이나
쓸고 지나간 후

이슬 묻은 단추 줄줄이 떨구었네.

찬란한 시간은 발자국도 없이
눈동자만 내려놓고 가버린 것일까.
그렇게 그분
비밀한 사랑은 지금

반짝이는 숨결 가득
새벽들판을
햇살로 바느질하고 있네

— 이성선, 「들꽃 새벽」 전문

간밤에 내린 이슬 머금고 금빛처럼 찬란히 떠오르는 아침 산골짝, 비밀한 사랑이듯 먼동 터올 때 발자국도 남기지 않고 떠나간 그분, 반짝이는 숨결 아직도 들판 가득하고 햇살이 바느질하듯 촘촘히 빛나고 있는 새벽정경이 그린 듯이 떠오른다. 그 들판에 찻잎이 익어가듯 뉴욕에도 봄이 오고 있고 이 봄의 차소식은 이곳에서 그 어느 때보다도 빠르게 전파되고 있음을 느낀다.

이곳에도 오래된 차모임이 있다. 서른 명쯤 되는 사람들이 정기적으로 모여 차를 나누는 곳이다. 이들 가운데는 무용가와 화가 등 예술인들도 있고, 또 사업가나 회계사 같은 경제인들도 있다. 투박한 것이긴 하지만 다기세트도 갖추어놓고 화개나 산청 등에서 만드는 수제차도 주문해서 나눠 마시며 요가나 태극권에 심취하기도 하는, 생활이 정갈한 사람들의 모임이다. 이들과 함께 차회를 하고 이런저런 단체의 초청을 받아 한국차를 소개하는 시간을 가지면서 우리 차에 대한 진솔한 관심을 피부로 접할 때마다 무거운 책임도 함께 느끼곤 한다. "한국 녹차가 좋은 줄은 이제 알겠는데 그 차를 어떻게 하면 구할 수 있지요?" 가장 많이 받는 질문이고 또 가장 난감해지는 질문이기도 하다. 그만치 이곳에선 우리 차를 구하기가 어렵기 때문이다. 티백에 든 봉지녹차나 현미차가 녹차맛인 줄 알고 있던 대부분의 사람들, 그나마 일본산과 중국산이 대부분이다. 한국에도 차 시장이 개방된다고 중국차 수입에 대해 걱정만 할 필요는 없을 것 같다. 중국 녹차나 일본 녹차와 차별화되어 있는 우리 차의 고유한 맛이 한국에서뿐 아니라 이곳에서도 통할 수 있다는 확신이 있기 때문이다. 이 땅에 일고 있는 녹차 신드롬에 신비롭고 고급화된 우리 녹차의 이미지를 결합하여 미국 차 시장을 겨냥할 때가 아닌가 하는 생각을 가져본다.

한국의 차 홈페이지를 찾아들어가 올라온 글들을 읽는 것도 이곳에서 발견한 새로운 기쁨이다. '티박스'에서 가장 재미있게 읽는 칼럼은 '청명차일기'와 '다담(茶談)'이다. 청명차일기는 아름다운 차인들 이야기와 그들의 소박한 차생활 모습을 수채화처럼 담백한 필치로 그려낸다. 정산, 금당 등 이미 고인이 된 차인들의 삶을 다시 발견하고 맑은 차심으로 한 번 걸러진 차계 소식들을 접하면서 차향처럼 피어나는 그

미국 교환교수 시절, 연구실. 옹기 등잔에 꺾어둔 이 마른 가지는 물 대신 차를 마시고 새 움을 틔웠다.

리움에 젖곤 한다. 다담에 올라와 있는 다양한 글들은 진지하면서도 깊이가 있다. 그곳에 이미 올라온 글을 모두 읽는 데 꼬박 일주일이 걸렸다. 한국에서였다면 아마 시작할 엄두도 못 냈을 것이다. 'PARKHEE2' 님이 쓰신 '점염실진(點染失眞)'이나 그가 종종 찾아 올려주는 차 글들이 좋고 'dragon' 님 글에서 느껴지는 우리 차에 대한 해박한 지식과 깊은 사랑에 대해서는 저절로 머리가 숙여진다. '차도란 무엇인가?' '차의 5미' '다반향초(茶半香初)에 대한 올바른 해석' 등 두 분 사이에 종종 펼쳐지는 격조 있는 토론이나 '춘수다관(春樹茶觀)'을 시발점으로 우리 차도의 본색을 찾기 위한 연속 토론을 주의 깊게 읽으면서 우리 차 문화의 본질이 어디에 있는가를 다시 생각하게 된다. 멋들어진 차인들의 이 질박한 문화의 불씨가 꺼지지 말고 계속되길 기대해본다. 차의 날로 정해진 5월 25일이 점점 다가온다. 이 날이 차인이나 차단체만 관심을 갖는 의례적인 기념일이 아니라 한가위나 설날같이 누구나 그리워하는 명절이 된다면 좋겠다. 어버이날 카네이션을 달아드리고 밸런타인데이에 초콜릿을 선물하는 것처럼 이 날이 차와 차기를 선물하고 그리운 사람 그리워하며 헤어진 사람 다시 만나 함께 차를 나누는 날이 되었으면 하는 바람을 가져본다. 그날이 오면, 이곳 뉴욕에도 차 바람이 흥겹게 불어오겠지.

뉴욕 대학 학생들의 녹차체험

맨해튼의 다운타운, 웨이버리 플라자(Waverly Plaza) 길과 5번가의 교차점에 워싱턴 스퀘어가 있고 그 공원을 중심으로 소호(Soho)와 맞닿은 뉴욕 대학의 메인 캠퍼스가 넓게 펼쳐져 있다. 교육과 예술과 패션이 함께 만나는 곳, 오래된 호텔 건물들이 기숙사로 바뀌고 기숙사 현관문을 나서면 바로 갤러리와 카페, 식당과 극장, 앤티크와 모던한 상점들이 즐비하게 늘어선 독특한 도심 캠퍼스, 미국 고등학생들이 가장 가고 싶어하는 대학이 바로 이 대학이다.

토요일 오후의 워싱턴 스퀘어엔 봄볕을 즐기려는 뉴요커들이 잔디밭과 벤치를 점령하고 있고, 공원 한가운데 분수대를 중심으로 한쪽에선 운동회가 열린 듯 크고 작은 함성들이 끊이지 않고 들려온다. 나무 밑에서 두 눈을 내리깔고 명상에 잠겨 있는 사람들의 옆모습을 바라보면서 나도 보리수같이 커다란 나무 아래 자리를 잡았다. 잔디밭 위에 차

워싱턴 스퀘어에서 뉴욕 대학 학생들과 함께한 차 자리. 먼 이국에서나마 이들은 한국의 향과 온기를 배워나가고 있었다.

포를 깔고 가방에 넣어온 차기들을 주섬주섬 펼쳐놓는다. 뉴욕 대학 학생들로부터 한국차 시연을 부탁받은 날이다. 학기말시험을 모두 끝낸 홀가분한 마음으로 기숙사를 떠나 집으로 돌아가기 전 헤어짐을 아쉬워하며 만나는 모임이다. 이중에선 '리나' 가 대표 격이다. 의사 아버지와 화가 어머니 사이에서 자라나 뉴저지에서 고등학교를 졸업하고 집에서 멀리 떠나기 싫어 이 대학을 택했다는 여학생, 학부과정에서 심리학을 전공한 후 예술치료학을 공부하고 싶다고 또박또박 말하면서 복숭아처럼 발그레한 뺨에 모나리자 같은 미소를 띤다. 그 옆에는 한국에서 중학교를 졸업하고 가족 따라 이민 왔다는 민철이 앉았다. 공인회계사인 외삼촌의 영향을 받아 회계학을 전공하겠다는 학생이다.

내 주위로 여섯 명이 부챗살처럼 둘러앉았다. 『동다송』에서 예닐곱이 마시는 차의 아취는 그저 범범(泛泛)하다 했지만 그것을 따질 계제가 아니다. 이 어린 학생들에게 녹차맛을 익혀주고 가을엔 이들이 중심이 되어 대학 내에 만들어질 한국차 서클을 볼 수 있어야 한다. 보온병에 가득 담아온 뜨거운 물을 숙우(熟盂)에 식히고 며칠 전 화개에서 도착한 우전차 잎을 한 움큼 차관에 풀어 첫 잔을 우려낸다. 신기한 듯 지나가던 관광객들이 카메라를 들이댄다. 아마도 그들은 귀국 후에 이 사진을 돌려보면서 동양의 차도를 구경했다고 이야기할지 모르겠다. 설명을 하다보니 물이 너무 식었다. 다행히 둘째 잔은 맛이 있고 셋째 잔도 담백한 향미가 입 안에 감돈다. 한 학생이 카페인에 대해서 묻는다. 미국에서 발표된 최근의 연구결과에 나타난 통계치를 인용해준다. 원두커피 한 잔의 오분의 일, 코카콜라의 삼분의 일 정도의 카페인이 녹차에도 들어 있다는 내 설명에 학생들이 귀를 쫑긋한다. 또 한 학생이 묻는다. "전공이 회계학인데 어떻게 차 강의를 하시지요?" "요즈음은 복수전공 혹은 삼중전공의 시대가 아니니? 사실 나는 전공이 하나 더 있단다. 바로 무용평론이지." "그럼 직접 춤도 추시나요?" 우리 차에 관심을 갖는 학생들과 나누는 즐거운 대화 속에 석 잔을 마시고 다시 새 찻잎을 넣어 석 잔을 더 우려 마시곤 뉴욕, 아니 세계의 심장부에 차린 들차회 자리를 접는다. 한국인처럼 생겼지만 미국인처럼 말하는 이들 이민 2세와 1.5세들을 통해 우리 차가 이 땅에 뿌리내려야 한다는 소망의 씨앗이 뿌려지길 기대하면서.

코넬 대학에 뿌려진 우리 차의 씨앗

맨해튼에서 조지워싱턴 브리지를 건너 서북쪽으로 네 시간을 달려가면 이타카란 작은 도시가 나타난다. 그리스 서쪽 이오니아 바다에 떠 있는 작은 섬, 호머 작품에 나오는 오디세우스 왕의 전설적인 고향섬과 같은 이름을 가졌다. 아름다운 카유가(Cayuga) 호수를 끼고 있는 인구 삼 만의 작은 도시, 이 도시와 호수를 한눈에 내려다볼 수 있는 산언덕에 코넬 대학이 있다. 1865년에 설립된 유서 깊은 대학이자 하버드, 예일, 프린스턴, 컬럼비아 등과 같이 아이비리그에 속하는 여덟 개 명문 사립 중 하나이기도 하다. 이 대학이 동아시아 국가들의 문화유산에 기울이는 정성은 오래전부터 정평이 나 있다. 현대의 가장 훌륭한 건축가 중 한 사람으로 손꼽히는 '아이 엠 페이(I. M. Pei)'가 1973년에 설계한 '존슨 미술관(Herbert & Johnson Museum)'의 오층과 육층은 중국, 일본, 한국과 티베트의 귀한 유물들로 가득 차 있다.

2003년 봄, 드디어 이 대학이 한국차를 조명하기 시작했다. '차의 계절(Season of Tea)' 이란 타이틀 아래 '동아시아센터' 와 존슨 미술관 공동 주최로 이번 학기 내내 동양 3국의 차를 미국에 소개하기 위한 본격적인 행사가 열린 것이다. 먼저 한중일 3국의 차문화를 소개하는 6회에 걸친 공개강연이 2월부터 시작되었다. 미술관이 소장하고 있는 다기 전시회와 중국도예가 초청 도자기 전시회가 이어졌고 일본식으로 지어진 차실 준공식이 뒤따르는 등 다양한 이벤트가 줄을 이었다. 일본과 중국의 다도 강연이 있은 후 2월 26일부터 27일까지 한국차에 관한 강의가 있었다. '형식성을 넘어선 실질중심(Substance over Formality)'이란 제목으로 나는 대부분 한국차를 처음 접하는 외국인들을 대상으로 과도하게 인위적 형식에 치중하는 일본 다도나 범용한 다반사 수준에 머물고 있는 중국과 대비되는 우리나라 차문화의 오랜 전통과 우리 차례(茶禮)의 고유한 멋을 강조했다.

피날레 행사는 졸업식을 하루 앞둔 5월 17일, '숭고한 동아시아 차의 예술(The Sublime Art of East Asian Tea)'이란 제목으로 미술관 전시장과 로비에서 개최되었다. 이날 행사는 코넬 대학에 재학중인 한국 학생들로 구성된 풍물패의 공연으로 시작되어 3국의 차시 낭송이 이어졌고 3개국이 각각 설치한 차실에서의 전통차 시연행사로 끝이 났다. 중국차 시연은 코넬 대학 교환교수로 와 있는 도예가 아량(阿亮)이 맡았고, 일본차 시연은 뉴욕 우라센케 차도 연구소의 차 마스터인 히사시 야마다 소장이, 그리고 한국차 파트를 내가 맡았다. 오층에 있는 한국컬

'숭고한 동아시아 차의 예술'. 미국 코넬 대학에서 열린 동아시아 차 시연 행사의 포스터에서.

렉션 전시장에 설치된 우리 차실에는 뉴저지 한국문화센터 대표가 녹차색 한복 차림으로 참석하여 시선을 끌었고, 미리 준비해간 약밥, 인절미, 무지개떡, 호두과자 등을 옆 코너에 별도로 진열하여 녹차를 마신 후 한과를 시식할 수 있는 기회도 제공해주었다. 풍물 공연을 마친 한국 학생들은 안내를 맡았다.

나는 평상복 차림이다. 편안한 자세로 찻상 앞에 앉아 일본식 말차(抹茶)의 텁텁함과 중국식 오룡차의 강한 맛을 시음하고 찾아온 백여 명의 방문자들에게 우리 녹차의 가장 좋은 맛을 직접 보여주어야 한다. 벽사가 며칠 전에 화개에서 부쳐준 햇우전차를 우송이 보내온 백자 다기에 우려냈다. 같은 녹차 국가인 일본이 기모노 차림의 문하생들을 동원하여 보여준 말차 위주의 복잡한 다도의식이나 다관 위에 물을 쏟아

부으며 향기 잔을 별도로 흠향하는 중국식의 인위적 차법과는 판이하게 다른 모습이다. 은은한 향기와 연녹색의 부드러운 맛이 간편하고 실용적인 예법을 통해서 전해질 때 차의 진수를 잃지 않으면서 차생활의 아름다움도 찾아지는 것이 아닌가. 우리 차문화의 순수한 모습이 코넬대학을 통해 미국 주류사회에 자연스럽게 파종된 의미 있는 시작으로 이날이 기억되었으면 한다.

차향은 국경을 넘어
—코넬에서 온 편지

코넬 대학에서의 동양 3국 차 페스티벌이 모두 끝난 후 행사를 주관했던 분들로부터 여러 통의 편지가 왔다. 대만 태생인 반(潘)교수는 예술사학과에서 동양문화를 강의하는데 차에 대한 열정이 대단해서 일 에이커쯤 되는 정원 한쪽에 열 평 남짓한 차실을 지어놓을 정도이다. 주로 대만산 오룡차를 마시지만 이번에 우리 녹차와 다기에 반해서 다음과 같은 편지를 보내왔다.

이교수님께

지난 주말 저희 행사를 도와주셔서 감사드립니다. 이교수님 일행의 참여가 그날 저녁의 차회를 빛나게 했고, 코넬 대학과 이타카 지역에 한국의 차문화를 소개하는 데 큰 도움이 되어주셨습니다. 이번 학기 동안 좋은 사람들을 아주 많이 만나게 된 것도 감사할 일이고 특히 이교수님이 갖고 계신 한국차에 대한 열정이 저를 감동시켰습니다. 차를 통해서 이루어진 우리들의 만남이 오랫동안 지속될 수 있기를 바라고 함께 와주셨던 일행 분께도 안부 전해주시길 바랍니다. 그날 입으셨던 한복은 정말 아름다웠습니다. 저는 또한 이교수님께서 쓰셨던 한국 다기에서도 깊은 감명을 받았습니다. 물항아리와 숙우, 다관과 차칙(茶則), 찻잔과 차호(茶壺) 등 5인용 다구들은 정말 아름다웠습니다. 미국에서도 그런 다구들을 구할 수 있을까 여쭙고 싶습니다. 가능하다면 한국에서건 미국에서건 그 아름다운 다구들을 구할 수 있는 방법을 알려주시면 정말 감사하겠습니다. 안녕히 계십시오.

데이비드 팻 박사는 컬럼비아 대학에서 불교철학을 전공한 소장 학자로 이 대학 동아시아센터의 대외협력 업무를 맡고 있다. 그 역시 한국차의 매력에 깊이 빠져든 미국인 중 한 사람으로 다음 편지를 보내왔다.

이교수님께

차를 좋아한다는 이유만으로 그렇게 많은 좋은 분들을 만날 수 있었던 주말 저녁은 정말 아름다운 시간이었습니다. 이교수님께서 금년도에 페어리 디킨슨 대학에 교환교수로 와 계시게 된 것이 저희들에겐 정말로 큰 행운이었다고 생각합니다. 우리는 한국차에 관해서 이교수님 이상의 차 대사를 발견할 수 없었고, 만일 이교수님이 계시지 않았더라면 이곳에서 한국의 차문화는 무시되었을 것입니다. 유감스럽게도 가족행사가 있는 관계로 6월 7일에 뉴저지에서 열릴 예정인 한국전통차사랑회 창립식에는 참석하지 못할 것 같습니다. 또 6월 6일에는 한국에서 어린이책 저자 한 분이 이곳 이타카를 방문하십니다. 그분이 이곳에 있는 초등학교 세 군데를 방문하셔서 회의를 할 예정이지요(그러고 보니 이번 학기에 우리는 한국문화에 관한 일을 너무 많이 하게 되는군요). 저는 가지 못하지만 그 소식은 차를 좋아하시는 이곳의 여러 선생님들께 알려드리겠습니다. 아마도 누군가는 참석할 수 있기를 희망합니다. 언젠가 다시 만나게 되기를 바라면서 이만 줄입니다.

로리 다미아니 여사는 동아시아센터의 소장을 맡고 있으며 이번 행사를 모두 뒷받침한 사람으로 스스로 이제 확실한 차인이라고 자부하고 있다. 중국차를 주로 마셔왔던 그녀 역시 이번 행사를 통해 우리 차의 부드러운 맛과 다기의 아름다움에 매료된 사람 중 하나로 다음 편지를 보내왔다.

이근수씨께,

편지 잘 받았습니다. 이곳의 모든 분들은 우리들이 개최한 차 행사가 대성공이었다고 무척 기꺼워하고 있습니다. 교수님과 다른 모든 참가자들께 감사드립니다. 이번 행사를 통해 차에 관해 많은 것을 배울 수 있어서 정말 기쁘게 생각합니다. 저 스스로 차인이 되었다고

자부하고 싶고 작설차 애호가가 될 것 같습니다. 정말 기대가 커요. 돌아오는 일요일은 코넬 대학의 135회 졸업식이 있는 날이고 졸업생들이 학교를 떠나가는 날입니다. 어느새 이번 봄 학기도 다 끝났군요. 교수님이 한국으로 돌아가시기 전에 다시 한번 만날 수 있기를 바라고 여의치 않다면 다음번 아시아 지역을 방문할 때 연락 취하도록 하겠습니다. 모든 일 뜻대로 이루어지시길 빌면서.

모두가 좋은 사람들, 양의 동서를 떠나 차가 있었기에 친구가 된 아름다운 사람들이다. 이러한 만남을 모두 가능케 해주는 것이 차의 보이지 않는 또하나의 효능이 아닐까. 차가 마련해주는 우정은 향기롭고 따뜻하다. 이곳에 머무는 동안 내내, 그리고 한국에 돌아간 후에도 나는 이들에 대한 그리움을 간직할 것이다.

맨해튼과 포트리 그리고 정들었던 대학을 떠나며

JFK공항을 정시 이륙한 유나이티드 항공의 작은 기창으로 맨해튼 전경이 한눈에 들어온다. 장화처럼 남북으로 길쭉하게 뻗어 있는 섬의 양쪽을 감싸면서 허드슨 강과 이스트 강이 흐르고 그 아래 동서로 길게 누운 롱아일랜드 섬 남쪽으로 대서양 큰 바다가 끝없이 펼쳐져 있다. 허드슨 강 서쪽으로 에지워터의 페리 선착장, 포트리와 팰러세이즈 파크의 코리아타운, 페어리 디킨슨 대학 캠퍼스 들이 이제는 기억 속에 점들처럼 흩어져 있다. 일 년 새 정이 흠뻑 든 곳들을 남겨둔 채 다시 비행기를 타고 왔던 곳으로 되돌아가는 날이다. '만법귀일 일귀하처(萬法歸一 一歸何處)'라 했는데 내가 온 곳은 어디이며 이제 돌아가는 곳은 또 어디인가?

이곳에 와서 한 일이라곤 차를 마신 일밖에는 없는 것 같다. 도착하자마자 학교에서 마련해준 연구실에 차짐을 풀어놓고는 방을 찾는 사람들에겐 불문곡직 차부터 대접했다. "맛이 정말 좋은데 무슨 차인가요?" "한국의 야생 녹차입니다." "차기가 참 예쁘군요. 한국의 차그릇은 다 이렇게 작은가요?" "취향이지요. 큰 잔도 쓰긴 하지만 잔이 작아야 여러 잔을 마실 수 있지요." 이렇게 한 모금 두 모금 차를 마시다가 녹차맛에 길들여지는 사람들이 늘어가더니 자연스럽게 차모임이 만들어졌다. 어느새 삼십 명쯤이 된다. "대학생 때 차 서클을 했었어요. 그 후엔 차를 잊었지요." "커피 대신 늘 차를 마십니다. 매일 아침 머그잔에 차봉지를 넣고 우려내서는 온종일 마시지요." "차를 무척 좋아해요. 집에 재스민차도 많고 대추차, 둥굴레차, 오미자차 등을 마셔와서 전통차 하면 이런 차들을 말하는 줄 알았어요." "문화센터 같은 데서 다도 강의를 한다면서 일본 차도만 보여주고 있어요. 이건 아닌데 하면서도 우리 차문화가 어떤 것인지 제대로 알 수 있는 다른 방도가 없었지요." "한국에서 온 차단체들이 한국 전통차 행사를 보여준다고 해서 몇 번 갔었지요. 그러곤 차 마실 생각을 버렸어요. 이렇게 힘들어서야 어떻게 계속하겠나 하는 생각을 했지요." 회원이 된 사람들이 들려준 이야기들이다. 변호사도 있고 한의원 원장과 의사, 경영학 교수, 화가와 건축 디자이너, 가정주부와 학생, 사업가 등 남녀노소 다양한 사람들이 모두 차가 좋다는 이유 하나만으로 모인 것이다.

떠날 날을 며칠 앞두고 회원 한 분이 경영하는 갤러리에서 송별 차회가 있었다. 테이블 네 곳에 찻상이 차려지고 한 테이블엔 음식이 놓였다. 돌아가며 팽주를 하면서 그동안 배웠던 대로 모두들 편한 방식으로 차를 마신다.

차와 함께 만난 사람들은 그 정 또한 차향처럼 오래간다. 내가 처음 만나는 이에게 불문곡직 차부터 내는 것은 그들과의 향기로운 인연이 계속되길 바라기 때문이다.

易知則有親　알기 쉬워야 가까워질 수 있고

有親則可久　가까워져야 오래갈 수 있으며

可久則賢人之德　오래가야 현인의 덕이 이루어질 수 있다

주역을 읽다가 찾은 구절인데 현인지덕(賢人之德)을 차인지덕(茶人之德)으로 바꾸어도 좋지 않을까 하는 생각에 자주 인용하면서 우리 차의 실용성을 강조했던 일이 생각난다. 편하게 차를 마시는 사이 차맛에 빠져드는 사람들이 늘어나면서 차 소비도 부쩍 늘었다. '차사랑회'가

생긴 후 두 달 동안 한국에서 작설차 백오십 통이 들어왔고 토우 김종희 선생의 다기 한 벌씩도 모두 갖추게 되었다. 빈 차통이 늘어갈 때마다 차에 대한 이들의 정은 깊어만 가는 것 같고 순수한 마음으로 차를 마시며 이국땅에서 열심히 살아가고 있는 모습을 보며 어느새 그들과의 정도 깊이 쌓였다. '예출어정(禮出於情)'이라고 차에 도(道)나 예(禮)가 있다면 그 바탕이 되는 것은 정이 아닐까. 연꽃이 진흙탕 속에서 피어나도 맑은 향기를 멀리 보내듯 정으로 맺어진 '차사랑회' 회원들의 차심이 맑은 차향을 고국으로도 실어 보낼 수 있으면 좋겠다. 그리고 우리들의 이러한 그리움이 '오로지 정성되고 오로지 한결같기(惟精惟一)'를 바라고 싶은 마음이다.

낙수다방의 추억

—2007 여름, 뉴헤이번과 디어번

예일 대학의 가짜 학위 문제로 나라가 온통 떠들썩할 즈음 정작 뉴헤이번의 예일 대학 한편에선 조용한 세미나가 열리고 있었다. 미국 주류사회에 한국 문화와 역사를 소개하기 위한 목적으로 설립된 동암연구소(East Rock Institute)가 지역 초중고 교사들을 상대로 개최한 행사였다. 연구소의 설립자이자 운영자는 전혜성 박사이다. 예일대 법대학장으로 있는 '헤럴드 고'의 어머니이기도 한데 얼마 전 자녀 여섯 명을 모두 하버드와 예일로 진학시킨 노하우를 기록한 책을 한국에서 출간하여 화제가 되기도 했다. 2007년도 워크숍의 주제는 '동아시아 내에서의 한국의 역사와 문화(Korean Culture & History within an East Asian Context)'였다. 예일 신학대학 니부어 홀에서 삼 일간(6월 28~30일) 진행된 일정에서 내가 맡았던 것은 '한국과 중국, 일본의 차문화 비교'에 관한 강연이었다.

미국에 녹차 붐이 일기 시작하면서 많은 사람들이 한국 녹차에 관한 질문을 해온다. 그런데 질문받은 사람들이 '아, 한국은 본래 물이 깨끗하기 때문에 차를 별로 마시지 않았어요' 라고 한다거나 '우리는 식후에 숭늉을 마셨지 별도로 차를 마시지 않았지요' 라고 대답한다면 어떻게 되겠는가. 중국은 오천 년 역사를 가진 차의 시조라면서 세계를 상대로 차 장사에 열을 올리고 있고, 일본은 차도의 원조라고 주장하면서 동양문화의 맹주임을 자처하는 마당에 우리는 스스로 '한국엔 차가 없다. 차생활도 물론 없었다'고 자인하는 우스꽝스러운 꼴이 되는 것 아니겠는가. 동암연구소가 금년 처음 워크숍 주제에 차를 포함시켜 중국이나 일본과 다른 우리의 고유한 차문화를 미국인들에게 설명하고자 한 것은 이러한 이유 때문이었다.

그들에게 나는 3국 차문화의 역사를 간단히 설명했다. 중국의 신농황제가 차를 처음 발견했지만, 육우가 『다경茶經』을 쓴 때(AD 780)는 신라에 차가 전래된 한참 후이고 대렴이 차씨를 가져와 지리산에 파종한 해(AD 828)보다도 불과 사십여 년 전임을 설명했다. 물론 일본의 에이사이(永西) 선사가 중국에서 차씨를 가져와 교토의 고산사 부근에 심었던 것이 한국보다 363년이 늦은 1191년이었다는 사실도 빠뜨리지 않았다. 중국이나 일본과 비교할 때 한국 차문화의 특징이 자연과 가장 가깝다는 사실도 강조했다. 제조과정부터 마시는 방법과 차에 부여하는 가치 등 모든 면에서 우리 차만큼 자연과 하나 된 문화는 없다. 군더더기를 배제하고 차의 본질에 가장 충실한 것도 우리 차의 자랑거리이다.

예일 대학 워크숍에서 강연 후 한국의 다도를 시연하는 모습.

이러한 문화의 특징을 나는 자연주의와 실질주의라고 소개했다. 강연이 끝난 후에 그들 모두에게 녹차를 대접하는 세리머니도 가졌다. 간결하면서도 자연스러운 절차와 우리 녹차의 뛰어난 맛에 그들이 매료된 것은 너무나 당연한 결과였다.

8월 2일부터 5일까지 디트로이트 하얏트 호텔 디어번에선 전국한인학교협의회(National Association for Korean Schools)의 25년차 총회가 열렸다. 미전역에 산재한 1,020개 한인학교 교사들이 매년 한 번씩 모이는 초대형 학술대회이다. 금년의 주제는 '세계화 시대의 한국어교육과 교사의 역할'이다. 미국 자동차공업의 심장부인 디트로이트에서 포드 왕국 시대 게스트하우스로 쓰였던 건물이 지금은 호텔로 변모되어 있다. 육백 명이 넘는 한인학교 교사들이 이곳에서 3박 4일 동안 한국의 역사와 문화, 효과적인 한글 교습방법을 토론하며 공부하는 것이다. 금년엔 독일 함부르크와 뉴질랜드에서도 대표가 참석했다. 대회 규모가 전 세계로 확장되고 있는 것이다.

한국 차문화에 대한 강연이 공식 프로그램에 포함된 것은 2004년 애틀랜타 대회부터였다. 그해 처음 초청을 받아 '한국 차문화에 대한 몇 가지 오해'란 제목으로 강연을 했었다. 그 다음해인 휴스턴 대회 때는 '한국 차정신의 표상'을, 2006년 덴버 대회에서는 '한류문화 속에서 한국 차문화의 미학'을 강의했다. 2007년의 주제는 '한중일을 중심으로 한 녹차문화권의 형성'에 관한 것이다. 중국 남부 내륙에서 발견된 차가 한국, 일본 등 동쪽으로 전파되면서 녹차문화를, 서쪽으로 인도를 거쳐 유럽으로 전파되면서 홍차문화를 태동시켰다. 백 퍼센트 발효차인 홍차를 대신해 비발효차인 녹차에 대한 관심이 세계적으로 점증해가는 시점에서 한국 중국 일본 베트남 등 녹차국가들로 구성될 녹차문화권 형성의 구상을 NAKS 총회에서 펼쳐본 것이다. 물론 녹차국가라 해서 3국의 차문화가 모두 같은 것은 아니다. 중국은 차의 약효를 우선하는 반면에 일본은 차를 하나의 도로 발전시켰고 우리 차인들은 차의 본질이 되는 맛과 차생활의 자연스러운 멋을 강조해왔다. 나는 이를 차덕(茶德)과 차도와 차미(茶美)란 이름으로 구별해보았다. 세 나라에서 강조하는 점은 각각 달라 보인다. 그러나 이는 관점의 차이일 뿐 차는 이 세 부문을 모두 구비하고 있고 이 세 부문을 종합할 때 동양의 차문화가 완성된다고 본 것이다.

NAKS 대회가 가지는 의미와 잠재력은 굉장하다. 이백만이 넘는 미국동포들, 교육열에서 타의 추종을 불허하는 우리 부모들이 한인학교에 자녀를 보내서 한글과 한국문화를 익히게 한다. 2세 교육에 누구보다도 헌신적인 선생님들이 여기서 배워 가는 것이 커리큘럼에 반영되어 한인교육의 밑바탕이 되는 것이다. 한국보다 미국에서 먼저 한국차 과목이 교과과정에 포함되고 이 선생님들이 모두 팽주가 되어 각 교실마다 차회가 벌어지는 날이 올 것을 기대해본다.

행사기간 내내 행사장 한쪽에선 낙수다방이 문을 연다. 낙수(NAKS-U)는 전국협의회의 약자를 딴 것이지만 물을 즐긴다는 낙수(樂水)의 뜻도 가졌고 처마 밑에서 떨어지는 물방울을 뜻하는 낙수(落水)로 해석할 수도 있다. 찻집 이름으로는 그만이다. 다방의 팽주가 되어 들르는 사람 모두에게 우리 차를 맛보게 한 지 벌써 삼 년째이다. 금년에도 오며 가며 발길을 멈춘 백 명이 넘는 선생님들과 함께 차를 나누며 그 가슴 가슴마다 정성껏 차씨를 심었다. 이들 속에 심긴 씨가 언젠가는 발아하여 세계에서 가장 맛있고 가장 자연을 닮은 우리 차의 영토를 미국 전역으로 확산시켜줄 것이란 꿈을 조심스럽게 확인해본 여름이었다.

제3부

차에 관한 사색

비 오시는 날 연꽃잎 위에
빗방울이 눕고

빗방울 뒤에 빗방울이
꽃잎 위에 꽃잎이
몸을 눕힌다.

하늘이 다시 포개어 눕고
달이 옷을 벗고
따라 눕고.

_ 이성선, 「새로운 하늘」

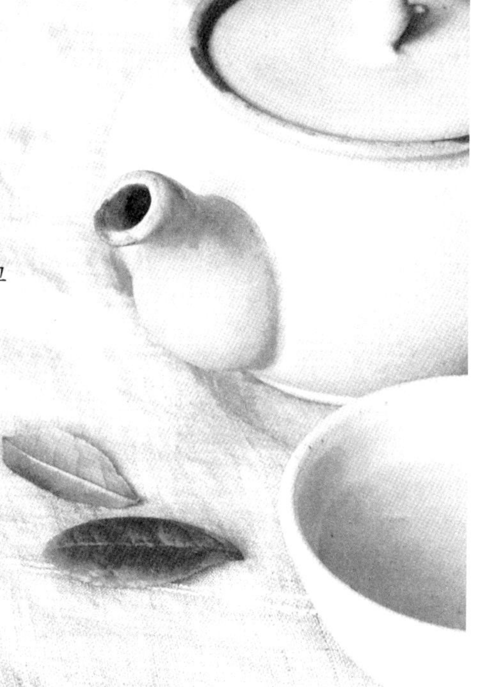

짬과 틈과 겨를

최근에 발표된 한 자료에 의하면 서울 시민의 삼분의 이는 스스로 '경제적 시간적으로 여가를 즐길 만한 여유가 없다'고 생각하고 있다고 한다. 또 그들은 얼마 안 되는 여가시간을 운동이나 여행 등으로 보내고 싶지만 실제로는 여가의 삼분의 이를 텔레비전 시청에 보내고 있다고 한다. 조사대로라면 우리나라의 성인들은 우선 여가를 즐길 수 없을 만큼 무척 바쁘고, 그 귀한 시간을 보내는 방법조차 너무나 단순함을 알 수 있다. 그러나 여가란 본디 바쁜 시간 중의 '짬'이고, 일이 바뀔 때에 생기는 '틈'이며, 자기가 잠깐이나마 만들어내는 '겨를'이다. 또한 여가는 휴식을 위한 시간이며, 새로운 일을 위한 재충전의 기간이다. 짬이 없는 사람이 있을 수 없고 새로운 충전이 불필요한 사람도 없을 것이니, 중요한 것은 남이 하는 대로가 아닌 자기 나름의 방식으로 여가를 찾아내고 이용하는 것이 아닐까 싶다.

주위에서 만나는 사람마다 온통 골프 이야기를 하던 때가 있었다. 시간이 많은 사람이나 바쁜 사람이나 모두 다 골프를 친다고 하고 웬만한 고급 아파트촌에는 골프스쿨과 연습장이 우후죽순처럼 생겨났었다. 그리고 겨울에는 스키장엘 다녀와야 하는 것이 마치 현대인의 표준 덕목 중 하나인 것처럼 여겨졌다. 그러나 여가생활에 반드시 긴 시간이 필요하거나 돈을 많이 들여야 한다고는 생각지 않는다. 가능하면 남들이 잘 하지 않는 분야를 주목하면서 자신에게 알맞은 여가법을 개발해내는 것이 바람직할 것 같다. 증권투자의 격언 중에 "남들이 모두 사려고 몰려들 때 팔라"는 말이 있다. 이 격언이 왜 여가생활에 적용되어선 안 되는 것일까. 몇 군데 되지도 않는 골프장과 스키장에 너도나도 경쟁적으로 몰려드는 모습은 휴식이 되기는커녕 보는 것조차도 피곤하게 느껴진다.

나의 가장 중요한 여가는 토요일 오후 시간이다. 강의가 끝나고 학생과 교직원들이 대부분 떠나 마치 학교 전체가 텅 비어버린 느낌을 주는 시간에 연구실에 혼자 남은 그 느낌 자체가 나에겐 휴식의 조건이 된다. 그곳엔 우선 음악이 있다. 익숙한 선율의 클래식이 보통이지만 때로는 살풀이나 성주풀이 같은 구음(口音)도 듣는다. 그러고는 찻물을 끓인다. 금요일에는 아예 새 물을 한 동이 길어놓는다. 물맛이 좋아진다는 말을 듣고 오래전에 자그마한 옹기독을 장만해놓았다. 남쪽 지방의 여러 군데서 녹차가 나지만 내가 가장 좋아하는 차는 지리산 남쪽 기슭에서 나는 작설 세작이다. 차를 맛있게 우려내는 데는 좋은 찻잎과 물도 중요하지만 그 순간에 들이는 공이 가장 중요하다는 것이 내 생각이다. 이것을 손맛이라고 부를 수 있을지 모르겠다. 잘 우러난 차의 맛과 향을 음미하면서 책을 펼쳐든다. 이 시간만은 전공서적을 저리 밀어두고 전공과 관계없는 책들을 읽는다. 최근에 읽었거나 지금 읽고 있는 책들은 아도르노의 『신음악의 철학』, 고든 펜처 등의 『무용의 철학』, 그리고 하우저의 『예술의 사회학』, 수잔 랭커의 『예술론선』 등이다. 간혹 국내외의 소설에 빠져들기도 하고 때로는 컴퓨터 앞에 앉아 차에 관한 수필이나 무용평론을 쓰기도 한다.

이 시간에 나를 찾아오는 사람은 거의 없지만 한두 명의 예외는 있다. 한국사를 하는 우석(又石)이나 형이상학을 하는 남교수가 그들이다. 지난주엔 우석이 방학중 중국에 다녀왔는데 맛이 괜찮다고 하면서 항저우에서 구해온 서호(西湖) 용정차 한 통을 들고 왔다. 마침 쌍계산 작설차를 마시려고 물을 끓이던 중이었다. 우리는 한국산과 중국산 녹차맛을 한번 비교해보고 싶어졌다.

"첫번째 우려낸 잔으로는 향내를 맡고, 두번째 잔으로는 차의 질을 평하고, 세번째 잔에서 비로소 맛을 느낀다"는 말이 있다. 작설차가 그윽하고 중후한 맛을 느끼게 하였다면 용정차는 담백하고 단아한 맛을 가졌던 것 같다. 한국차가 고여 있는 샘물 맛이었다면 중국차는 흐르는 시냇물과 같은 맛이었다고도 할 수 있겠다. 찻잔 위에 감도는 향기와 잎 모양새와 섬세함 등에서는 우리 차가 단연 빼어났다.

한 주일 내내 매달렸던 회계학 강의와 학교 업무에서 벗어나 홀로,

때로는 한둘의 차벗과 함께 보내는 이 시간이 정신없이 흘려보낸 한 주일과 새롭게 시작되는 일주일의 틈 사이에서 내가 발견해낸 독특한 여가라 할 수 있을까.

차의 미, 차인의 미

대학원장 보직을 맡으면서 삼 년간이나 떠나 있던 연구실로 이번 봄에 돌아왔다. 사무실에서 연구실까지가 건물 두세 개를 사이에 둔 불과 이삼백 미터밖에 안 되는 거리지만 일주일에 한두 번 강의자료를 챙기러 잠깐 들르는 것 외에는 거의 돌보지 않았던 방이다. 책들은 여기저기 질서 없이 쌓여 있고 우편물들이 어떤 것은 개봉도 되지 않은 채 널려 있는데다 그림들은 먼지를 뒤집어쓴 채 공간이 있는 곳마다 겹쳐 세워져 있었다. 그래도 삼 년 전까지는 이 방이 좋은 차를 마실 수 있는 곳으로 교수회관에선 잘 알려진 다실이었는데…… 생각하면서 창고처럼 버려진 모습을 휘둘러본다. 속도는 비록 느렸지만 이웃방 동료 교수들에게 녹차가 보급되기 시작하고 차에 관한 가벼운 상식이 입에서 입으로 전파되면서 커피세트를 밀어내고 차도구를 갖춘 방들이 늘어나기 시작했던 바로 그 방이 아닌가. 예전의 따뜻했던 분위기를 떠올리면서 멀어진 것은 그동안 흘러가버린 시간이 아니라 이 방에서 떠나 있던 마음이 아니었나 생각해본다. 그러나 그곳에는 여전히 변하지 않은 것이 있었다. 3층 연구실의 창문을 반쯤 가린 채 여러 쪽으로 갈라진 굵다란 나뭇가지마다 손바닥만큼 넓은 잎을 펄럭이면서 창밖에 서 있는 커다란 튤립나무 세 그루였다. 언젠가 이 방에서 그 나무를 바라보며 썼던 글 한 편이 떠오른다.

방 안에 혼자 앉아 책을 읽다가 눈을 들어 창밖을 내다보노라면 '키가 큰 나뭇잎들이 햇빛에 반짝이며 팔랑거려야 해요. 그러면 나는 살고 싶어져요' 라고 쓰여 있던 공지영의 소설 한 구절이 퍼뜩 떠오르기도 한다. 그 나무에 물이 오르면서 연두색 꽃망울이 조심스럽게 맺히기 시작하는 모습을 바라본다. 지금쯤이면 남쪽의 차밭에도 늘어선 차나무마다 저렇게 파란 움들을 창끝처럼 뾰족하게 세우며 찻잎들이 솟아나기 시작하겠지.

그때처럼 지금 막 푸르러진 이파리 사이로 연두색 꽃망울들이 봉긋이 솟아오르고 있다. 이제 곧 창문을 열면 손끝으로도 꽃잎을 만질 수 있게 되리라. 그리고 초여름까지는 창밖에 피어나는 튤립 모양의 오렌지색 꽃을 내다보면서 차를 마실 수 있을 것이다.

이러한 기대 속에서 사무실로 가져갔던 다기들을 모두 되옮겨오고 예전 분위기를 되찾기 위해 방을 정리하는 데 며칠을 보냈다. 우선 방

안에 놓여 있던 소파들을 모두 들어내고 그 자리에 목공소에서 직접 짜온 탁자를 놓았다. 차탁을 가운데 두고 등받이가 있는 긴 나무의자 둘을 양쪽에 놓은 모양이다. 학교에서 마련해준 철제 책상을 내보내고는 안쪽 벽과 창문 쪽으로 차탁과 같은 모양의 나무탁자와 나무책상 둘을 'ㄱ' 자 모양으로 연이어 붙여놓았다. 의자 역시 나무이지만 이번에는 등받이가 없는 벤치 모양으로 짠 것 두 개를, 배치된 책상들의 선을 따라 역시 'ㄱ' 자 모양으로 길게 놓았다. 이 의자 두 개를 나란히 붙여놓으면 평상 모양이 되어 구두를 벗고 그 위에 올라앉아 둘이서 차를 마셔도 좋게 만들었다. 책상 위에는 컴퓨터와 프린터, 전화기와 팩스, TV와 라디오 등 사무용 기기들이 적절히 배치되었다.

벽에 있는 그림들은 모두 바꾸어 걸었다. 한쪽 벽을 통차지한 큰 그림 하나는 어느 서양화가의 작품이다. 홍대를 졸업한 후 미국에 건너가 지금은 플로리다 주에 있는 어느 대학에서 강의를 하면서 뉴욕에서도 전시활동을 벌이고 있는 여류작가이다. 그림의 배색이 옅은 청색과 나무의 속내 색을 주조로 하고 있어 목제 가구들과 잘 어울린다. 그림에는 조그만 창문이 있고 그 창문을 통해 밖을 응시하고 있는 뽀얗게 칠한 얼굴 모습 하나, 그리고 나뭇가지 위에 얹혀 있는 새집과 그 옆으로 가지 위에 앉아 있는 한 마리 새가 전부인 단출한 구도이다. 조금은 차갑다는 느낌을 주면서도 전체적으로는 단아하게 정돈되어 있어 마음이 편해지고, 또 누군가를 기다리는 것 같은 그림 속 얼굴이 외로워 보여 평소에 좋아하는 그림이다. 그 앞에서 차를 따르면서 차가 아름다운 것은 바로

연구실 창밖 풍경

이 그림에서 느껴지는 것과 같은 따뜻함이 있기 때문이고 차인이 아름다운 것은 이러한 따뜻함을 그리워할 수 있는 외로움을 간직하고 있기 때문은 아닌가 하는 생각에 잠겨본다. 그러고는 '홀로 차를 마시는 것은 친구를 그리워하는 것이고, 친구와 함께 차를 마시는 것은 자기 자신이 될 준비를 하는 것'이라던 옛 친구의 말을 기억해본다.

한동안의 정리를 마치고 예전의 다실 분위기를 되찾은 연구실 의자에 앉아 한참 물이 올라 싱싱하게 반짝이고 있는 창밖의 나무를 바라본다. 봄에는 부드러운 색깔의 꽃을 피우고 여름에는 커다란 잎을 활짝 펴서 그늘을 만들어 방으로 쏟아지는 햇살을 막아주다가 겨울에는 여름

내내 입었던 잎들을 모두 떨어뜨리어버린 가지 사이로 햇빛을 흠뻑 방안으로 부어주고 있는 고마운 저 나무처럼 살아야겠다는 생각에 잠겨본다. 이십 년 차생활 끝에 나도 이제 조금씩이나마 차인의 아름다움을 닮아가는 것인지. 때마침 남녘에선 금년엔 날씨가 궂지 않아 예년보다 차가 이르게 나왔다며 곡우 전에 딴 첫물차를 덖어놓았다는 반가운 소식이 전해온다. 이른 봄 차소식을 애타게 기다리는 차인의 마음속에 사람이 풍겨야 할 향기와 차의 아름다움이 모두 들어 있는 것은 아닐는지.

삶의 위로가 되는 차와 무용

신문이나 잡지에 글을 기고할 때 이름 뒤에 붙는 타이틀이 있다. 차에 관한 글을 쓸 때는 특별히 차인이라 표시하지 않지만 무용 글을 쓸 때는 '무용평론가'란 명칭을 꼭 붙인다. 평론을 쓰는 사람에겐 전문적인 식견뿐만 아니라 독자와 무용가들로부터 인정받을 수 있는 신뢰성이 필요하다는 생각 때문이다. 차생활을 시작한 것이 이십여 년 전이고 무용에 대한 글쓰기를 시작한 것이 90년대 초, 무용평론집을 처음 발간한 것이 1999년이니 평론가로서의 내 이력도 어느새 십오 년이 넘었다.

무용계에 발을 들여놓은 후 가장 많이 받았던 질문은 어떻게 회계학 교수가 무용을 좋아하게 되었느냐는 것이다. 차에 대한 글을 쓰고 차인으로 알려진 후 회계학 교수가 어떻게 차를 좋아하게 되었느냐는 질문을 받았던 것과 비슷한 맥락일 것이다. 그런 질문 뒤에는 혹시 '부인이 무용가?' 아니면 '무용가와의 첫사랑?' 혹은 이와 비슷한 추측들이 뒤

따르곤 했었다. 질문에 대한 대답인 양 언젠가 「내가 무용을 좋아하는 여섯 가지 이유」란 글을 썼는데 그 글을 읽고서도 짓궂은 사람들은 혹시 일곱번째 이유를 숨겨놓은 건 아니냐고 물어오는 경우가 있었다. 최근에 필자가 재직하고 있는 대학의 학보사 기자가 인터뷰를 하고서는 다음과 같은 기사를 실은 적이 있다.

바람 따라 꽃씨를 뿌리는 민들레처럼 가는 곳마다 한국의 차문화를 전하는 한편 무용평론가로서 무용계에 새로운 비평의 지평을 열고 있는 이근수(회계학) 교수를 만나보았다.

무용을 전공한 것이 아니면서도 어느새 십오 년간이나 무용평론가로서 활발한 활동을 펼치고 있는 이근수 교수는 우리 학교에 처음 부임했을 때, 무용학과 졸업생들로 구성된 서울현대무용단과 춤타래무용단(한국무용) 공연을 보고 나서 무용에 관심을 두게 되었다고 한다. 이교수는 "무용을 포함한 모든 예술행위의 궁극적 목적은 사람을 위로해주는 것"이라고 정의한다. 의식주 외에도 가족이나 연인의 사랑이 필요하듯이 사람들의 일상엔 위로가 필요하고, 무용을 포함한 예술의 존재 의미가 여기에 있다는 것이다. 한편 그는 한국회계학회장을 역임한 자타가 공인하는 회계전문가이다. 회계학 교수와 무용평론가, 물과 기름처럼 보이는 두 개의 직업 사이에 공통분모를 찾을 수 있을까. 그는 회계학과 무용평론 간에는 공통점이 많다고 답한다. 회계학에서 사용하는 분석방법들이 무용에도 그대로 적용될 수 있다는 것, 그리고 무용이나 회계학은 모두 관객(혹은 독자)들에 대한 커뮤니케이션 수단이라는 것이다. 그동안 그가 『문화예술』 『몸』『춤과 사람들』『무용한국』『객석』 등 전문지에 발표한 평론만도 백 편은 족히 넘을 것이고 요즈음은 '예총' 에서 발간하는 월간지 『예술세계』의 월평을 맡고 있다.

평론이란 작품에 대한 평가나 무용가의 예술행위에 대한 감독 기능을 하기 전에 관객들이 이해하기 어려운 작품을 해석해서 그 의미와 가치를 독자들에게 전달해주는 가교 역할을 한다. 무용과 관련된 오랜 경험과 객관적인 평가 능력, 그리고 효과적인 커뮤니케이션 기술을 갖추는 것이 필수조건이다. 물론 처음부터 내가 평론가가 되려고 했던 것은 아니다. 무용이 좋아서 작품을 보기 시작했고 그러다보니 공부하게 되었고 깊이 알아갈수록 더 좋아지는 과정이 반복되었다고 할 수 있을지……

처음 무용에 빠져들기 시작했을 때 클래식발레를 제대로 알기 위해 러시아어를 배우고 개방의 물결이 일기 시작한 모스크바와 상트페테르부르크를 방문해서 한 달씩 머무르기도 했다. 1994년, 안식년을 얻어 노스캐롤라이나 주립대학에 머물고 있을 때 도서관 한쪽 벽을 가득 채우고 있던 수많은 무용서적들과 희귀한 비디오테이프들을 발견했던 것은 그대로 황홀한 충격이었다. 창문 하나 없는 연구실에 틀어박혀 회계학 책을 쓰는 틈틈이 시간을 내어 무용사, 비평이론 등의 강의를 청강하던 일, 다운타운에서 정기적으로 개최되는 무용공연을 빠짐없이 찾아다니던 일, '도리스'란 이름의 유태인 교수와 어울리며 그가 도리스 험프리(현대무용의 초창기 마사 그레이엄과 쌍벽을 이루며 독자적인 작품세계를 개척한 미국 현대무용가)와 같은 이름을 가졌다는 사실을 강조할 때 즐겁게 들어주던 기억들이 지금도 선명하다.

그때 읽었던 수많은 전문서적들이 없었더라면 무용과의 내 인연은 아마도 단순한 애호가 차원에서 머물렀을 것이다. 귀국한 후, 나의 무용세계는 더욱 풍부해졌다. 경영대학원장을 맡고서는 한국에선 처음으로 무용공연과 예술단체 운영에 경영학을 접목한 '문화예술경영학과'를 설립하고 석사학위를 가진 예술경영자를 배출하기 시작했다. 이러한 시도는 보기 좋게 성공했고 이것이 우리나라 예술경영교육의 효시가 되었다. 회계학회장을 맡았을 때는 정기학술대회 개막식 프로그램에 무용공연을 포함시켰다. 수백 명의 회계학 교수 중에는 그때 처음 제대로 된 무용공연을 본 사람들도 있었을 것이다.

무용은 음악이나 미술, 연극 영화 문학 등 다른 장르에 비해 쉽게 친숙해질 수 있는 분야는 아니다. 이해하기 어렵거나 밋밋해서 재미가 없다는 것, 무용공연장을 찾아나서는 일이 쉽지 않다는 등의 이유 때문일 것이다. 그러나 차의 맛을 알아가는 과정도 처음에는 그렇지 않았을까. 커피와 청량음료에 익숙해진 입맛에 연하고 부드럽기만 한 녹차가 어떤 맛으로 다가왔을까. 무용공부도 차를 알아가는 과정처럼 시작해볼 수 있을 것이다.

무용은 몸의 예술이다. 예술 중 가장 오래된 예술, 문학은 물론이고 연극이나 그림, 음악보다도 오래된 예술이다. 무용은 또한 추상예술이다. 언어를 쓰지 않고 몸짓으로만 표현하기에 클래식음악이나 추상화와 통하고 이것이 이해하기 어렵다는 이유가 되기도 한다. 대사 없는 연극을 마임이라 하는데 무용이 마임과 다른 것은 춤에는 반드시 음악이 따르고 춤사위에는 리듬이 있다는 것이다.

무용은 보통 한국무용, 발레, 현대무용의 세 분야로 분류하고 한국무용은 다시 전통무용과 창작무용으로 나눈다. 대표적인 전통무로는 살풀이, 태평무, 승무, 춘앵전, 처용무 등이 있고 각 춤마다 유파가 있어 춤의 순서와 하나하나의 춤사위들이 대대로 전승된다. 창작무용은 전통무용의 춤사위를 바탕으로 스토리와 이미지를 붙여서 대중 공연용으로 창작한 춤이다. 발레는 서양식 고전무용인데 클래식발레와 로맨틱발레로 나뉜다. 클래식발레는 〈백조의 호수〉〈잠자는 숲 속의 공주〉〈호두까기 인형〉 등으로 대표되는데 허리 주위를 둥그렇게 감싸면서 부챗살처럼 펼쳐지는 하얀 스커트(클래식튀튀)를 입고 추는 러시아식 발레다. 로맨틱발레는 프랑스식 발레이고 클래식튀튀와 다른 로맨틱튀튀를 주로 입는데, 〈라 실피드〉〈지젤〉 등의 대표작이 있다.

현대무용은 발레에서 출발했지만 발레가 갖는 제약을 훌훌 털어버리고 자유와 창작성을 탐구하는 미국식 춤이다. 무용계의 혁명가라고 알려진 이사도라 덩컨을 시작으로 마시 그레이엄, 트와일라 타프, 머스 커닝엄 등을 통해 자리잡으면서 오늘날 세계무용의 주류가 되었다. 장르를 불문하고 무용은 '무대와 관객과 무용가' 라는 3요소로 구성된다. 무대장치, 조명, 음악, 영상 등이 무대에 포함되고 무대에서 춤추는 무용수와 춤의 순서와 동작을 짜는 안무가를 무용가라 한다. 물론 안무가가 춤을 추기도 한다.

우리나라에서 무용은 처음에 굿거리춤과 같이 주술적 의식으로 시작되어 농악춤으로 생활화되고 불전에 바치는 공양춤과 왕실에서의 궁중춤으로 체계를 잡았다. 발레 역시 17세기 프랑스에서 태양왕으로 불리던 루이 14세의 궁전에서 시작된 후 러시아로 건너가 차르 황제들의 비호를 받으며 궁중춤으로 발전해왔다는 점에서 동서양의 차이가 없다. 왕실과 귀족들의 춤이 대중화되고 현대화된 것이 오늘날의 무용공연인 것이다.

무용이 어렵다고 하지만 역설적이게도 무용감상에서 가장 중요한 태도는 작품을 이해하려고 애쓰지 않는 것이다. 무용은 음악과 그림과 몸짓이 어우러진 순간의 모습이다. 그 모습을 보고 분위기에 빠져들어 무용가와 하나가 되는 것이 올바른 무용감상법이다. 추상화를 볼 때 그림 속에서 구체적인 형상을 찾으려 하지 않고 색채와 구성의 아름다움을 느끼는 것이나 차를 마실 때 그냥 좋아서 마시는 것과 같은 이치다. 차향을 음미하고 차색을 느끼고 차맛을 있는 그대로 즐기는 것이지 종류를 따지고 성분을 분석하고 건강을 생각하며 마시는 것은 아니지 않는가. 차인들이야말로 누구보다도 무용을 제대로 즐길 수 있는 사람이라고 생각한다. 평론을 쓰면서부터 작품을 볼 때 글거리를 먼저 생각하는 버릇이 생겨 무용 자체의 아름다움에 흠뻑 빠져들지 않음을 발견하고 흠칫하기도 한다. 무용이 좋아서 글쓰기를 시작했는데 글을 쓰기 위해 무용을 보게 된다면 주객전도가 되지 않겠는가. 그러나 글 쓸 일이 없다면 지금처럼 공연을 꼭 보기 위해서 달려갈 일들도 적을 것이라고 생각하니 평생 동안 무용 볼 일이 생긴 것을 감사해야 하리라고 자위해 본다.

동숭동 예술극장, 서초동 예술의 전당이나 토월극장 등을 일주일에 한두 번씩은 꼭 찾는다. 이곳에서 공연되는 수많은 작품들 중에서 간혹 차와 관련된 무용공연을 발견할 때가 있다. 이화여대 김명숙 교수가 국립국악원 예악당 무대에 올렸던 〈육법공양 헌무의식六法供養 獻舞儀式〉이 그 예이다. 묻혀버리기 쉬웠던 작품들을 찾아내고 이에 대한 글을 쓸 수 있다는 것은 평론가 된 차인만이 느낄 수 있는 남모르는 즐거움의 하나일 것이다.

예술의 여러 장르 중에서 유독 무용이 좋았던 이유는 무엇일까. 무용이 음악과 미술, 시를 어우르는 종합예술이라는 매력도 있었겠지만, 평론의 도움을 가장 필요로 하는 예술이 무용임에도 정직한 평론을 발견하기 어렵다는 당시의 솔직한 느낌 때문이었을지 모른다. 이제 세계 수준에 올라선 우리 무용가들의 기량과 어디라도 당당히 내놓을 수 있는 한류문화의 한 축으로 성장한 무용계를 바라보면서 "아름다운 발과 깨끗한 영혼의 무용가에게" 헌정했던 나의 첫 평론집 『무용가에게 보내는 편지』를 다시 꺼내본다.

춤에서 본 다례

―김명숙 춤 〈육법공양 헌무의식〉과 차의 만남

불교의 영향을 받은 대표적 춤인 승무(僧舞)가 우리 전통춤의 한 가닥으로 자리잡으면서 중요무형문화재(27호)로 지정받고 '나비춤' '바라춤' '법고춤' 등의 작법(作法, 불교에서 재의식 때 추는 춤)이 무용가들에 의해 종종 공연무대에 등장하는 것을 보면 불교의식과 춤의 만남이 전혀 새로운 소재는 아니다. 김명숙 늘휘무용단이 국립국악원 예악당에서 보여준 〈육법공양 헌무의식〉은 여섯 가지 공양물을 부처님께 올리는 신라시대부터 전해온 전통의식을 재현한다는 면에서 작법춤의 일종이다. 그러나 대부분의 작법춤이 정화된 몸을 부처님께 드리는 공양춤으로서 춤사위가 단순하고 간결한 것이 특징인 데 비해 김명숙의 춤은 여섯 가지 예물마다 각각 다른 춤사위를 통해 공양의식을 가무악(歌舞樂) 형식으로 표현했다는 점에서 다양성이 돋보였다.

음악은 황병기가 향(香), 등(燈), 꽃(花), 과일(果), 떡(餠), 차(茶)

등 여섯 가지 공양물의 의미와 특색에 따라 〈영산회상곡〉을 재편성한 것을 국립국악원 연주단이 맡았고 인간문화재인 원장현이 대금을, 지애리는 가야금을 연주했다. 궂은 날씨의 일요일 오후임에도 공연장인 예악당에는 스님들의 모습이 눈에 많이 띄었고 공연 후 삼층 로비에선 연꽃차와 말차를 중심으로 한과와 떡을 곁들인 리셉션도 있었다.

김명숙은 무대를 아름답게 꾸밀 줄 아는 대표적인 한국무용가다. 그는 〈신 공무도하가〉〈샘〉〈움직이는 산〉 등에서 보여준 것과 같이 서정성을 바탕에 깔고 시정(詩情) 넘치는 정교한 공간의 미학을 연출한다. 잠자리 날개처럼 가벼우면서도 기품 있는 의상, 화려하지만 튀지 않는 색채, 기하학적으로 배열된 차분한 무대가 그가 연출하는 춤 미학의 바탕이다. 〈육법공양 헌무의식〉에서도 이러한 특징은 그대로 드러난다. 육법 중 첫번째인 향 공양에는 연극배우 박정자가 등장한다. 그는 두 손으로 향로를 공손히 받쳐들고 무대 앞 오케스트라 석에서 떠올라 불상 앞으로 천천히 다가간다. 그곳에는 불상 대신 관세음보살의 커다란 족자 그림이 괘불처럼 길게 내려져 있다. 불전 앞에서 그녀는 중앙에 가부좌로 앉아서 깊은 선정의 세계로 침잠해들어간다.

이어지는 등 공양에선 한 손에 등 하나씩을 들고 등장한 열두 명의 여인이 두 개의 원을 만들고는 탑돌이 하듯 천천히 회전하기 시작한다. 상체와 머리를 고정하고 긴 치맛자락 속에 숨겨진 두 발만을 빠르게 움직임으로써 무용수는 정지하고 무대가 돌아가는 착시 효과를 준다. 과일 공양에 쓰일 복숭아와 떡은 조각가 유영교의 작품이다. 그는 종이로 만든 등과 연꽃을 제외한 모든 소도구를 직접 만듦으로써 조각과 춤의 만남에 참여했다. 김명숙의 연작인 〈샘 I〉과 〈샘 II〉에서 직접 무대에 샘 조각을 설치했던 것과 같은 맥락이다.

꽃 공양은 두 송이 연꽃으로 상징된다.

우리들의 마음속에 번뇌를 씻어
극락정토 연못의 구품연화대(九品蓮花臺)
아침이슬 머금은 연꽃잎처럼
향기롭고 자비롭게 피어나리니

불전 앞에 앉은 박정자가 낭송하는 청아한 공양계 소리에 맞춰 바쳐지는 꽃 공양이 끝난 후 마지막 순서는 차 공양이다. 무대에는 두 손에 찻잔을 받쳐든 열네 명의 여인이 하나씩 차례로 등장한다.

저 하늘 은하수 물을 길어다
설산(雪山)에서 피어나는 찻잎을 달여
찌들은 죄업 중생 미혹한 마음
말끔히 씻어내어 맑히오리니
아! 거룩하온 님이시여,
저희들의 이 공양을 받아주소서.

황병기가 작곡한 〈차향이제茶香二題〉 가락에 따라 소프라노 윤인숙이 노래한다. 찻잔을 두 손에 모아든 채 원을 그리는 여인들의 고요한 춤사위가 가벼우면서도 삽상한 산사의 아침을 떠올려주며 불교의식과 춤이 만나는 작품의 대미를 장식해준다. 향 공양에서 보여주었던 장중함이나 엄숙함과는 다른 불교의 또다른 모습일까. "예술은 힘이 아니라 위로"라던 토마스 만의 말처럼 관객들에게 편안한 위로를 주는 아름다운 작품이었다.

차심을 주제로 뉴저지에서 열린 그림전

차의 마음(茶心)을 주제로 한 전시회가 뉴저지 주 팰러세이즈 파크, 멀티미디어센터 갤러리에서 열렸다. 건국대를 졸업한 후 뉴욕 대학에서 판화를 전공한 재미화가 천세련씨가 두번째 갖는 '마음'을 주제로 한 개인전이다. 모든 그림은, 아니 모든 예술작품은 작가의 마음을 담는다. 그리고자 하는 대상에 작가의 마음을 담아 표현하는 것이다. 그런데 이 화가는 그림의 대상 자체를 아예 마음이라고 정했다. 전시회 이름이 '심(心)'이 되어버린 이유이다. 화가는 마음을 어떤 모습으로 그려낼 것인가. 이것이 나의 궁금증이었다.

전시장에 들어서면 공간은 좌우의 두 부분으로 확연히 갈라진다. 좌심실과 우심실이다. 왼쪽 심실엔 조선 여인들의 모습이 찍힌 흑백사진이 있다. 평범한 여염집 여인부터 기생, 궁중의 왕녀에 이르기까지 족두리와 치마저고리, 장옷, 활옷 등 다양한 의상으로 단장한 채 암울하고 무거웠던 시대를 살았던 조선 여인의 마음을 대변하듯 정사각형 틀에 갇혀 가지런히 정렬되어 있는 것이다. 오른쪽 심실엔 갖가지 모습의 찻잔들이 녹색을 기조로 한 다양한 색채에 담겨 있다. 이러한 찻잔들은 좌심실의 여인들과는 대조적으로 사각틀을 벗어난 자유로운 형태로 산개되어 있으며 뚜렷한 사계의 변화와 함께 밝고 경쾌한 생명감을 느끼게 한다.

작가가 직접 그려내고자 했던 마음에는 과거에 대한 회상과 미래에 대한 기대가 공존한다. 고통과 환희가 함께하며 죽음과 삶의 경계를 무시로 넘나드는 이중구조 속에 존재하는 것이다. 작가는 자신의 이중적인 마음을 근대사 속에서 찾아낸 여인들의 경직된 모습과 그가 최근에 빠져들고 있는 전통녹차에 대한 따뜻한 시선으로 양분한다. 양분된 마음은 이원화된 작업 기법에 의해서도 극명히 드러난다. 조선 여인 시리즈가 포토에칭 기법으로 흑백사진을 캔버스에 박아넣고 명암과 색채를 입혀가는 단순 반복 작업으로 이루어진 것이라면 삼십여 점의 찻잔 시리즈에선 작품마다 다양한 실험이 엿보인다. 헝겊이나 한지 대신 가죽 표면에 아크릴 물감으로 채색하거나 찻물 염색을 시도하고, 우려낸 찻잎을 직접 재료로 사용하는 외에 낙엽, 모래, 나무뿌리 등 다양한 오브제를 덧입히는 등 복합적인 재료들로 작품마다 새로운 효과를 겨냥한 것이다. 화폭 공간 위에 무수히 찍힌 점들은 화가가 작품에 쏟아부은 시간의 흔적이리라.

전시회의 주제가 차심이었던 때문인지 오프닝 행사에서도 차에 관

대금 연주자와 함께 차 시연을 하고 있는 차 그림 화가 천세련씨.

한 몇 가지 퍼포먼스를 선보였다. 고등학교와 대학에 다니는 화가의 두 딸이 한글과 영문으로 된 차시를 번갈아 낭송했다.

작은 영혼으로 흔들리는
풀잎의 눈동자는 따뜻하다
부드러운 아픔, 순결한 견딤
해 지는 지평을 넘어가는
사막의 외로운 낙타보다
밤에 더 외롭고 힘세다

허공에 뼈를 묻고
뼈가 보석이 될 때까지 울지 않는다
기다리는 꿈은
붕새의 날개로 세계를 난다
풀잎은 존재 자체가 별이다
지상에 가장 완성된 사랑이다.

A tiny soul trembling
the eye of a leaf is crystal clear
Refined pain, chaste endurance
At night, it is stronger and lonelier
than a lone camel on a desert
going over the horizon at sunset
Bury the bones in void and
would not cry until they become gems
Dream in waiting
flies the world on the wings of bird
Leaf is an entity that is a star
love that is most perfected on this earth.

시 낭송에 이어 뉴욕 대학 박사과정에서 무용을 전공하는 강은주씨가 차의 마음을 표현하는 한국 춤을 공연한 후, 나는 자연스러우면서도 간결한 우리 차의 전통적인 행다법을 통해 백여 명이 넘는 참석자들에게 단아한 백자 차기에 담긴 부드러운 녹차맛을 선보여주었다. 여인 시리즈에서 보인 조선의 마음과 다기 시리즈를 통해서 그려진 차의 마음을 한자리에서 바라보면서 아직은 그 작품들이 드러내고 있는 마음의 중심이 조선 여인 쪽으로 기울어진 듯하지만, 그가 이러한 두 마음 간의 접점을 찾아내어 조선의 차를 현대의 미국과 연결하고 고전과 현대를 아우르는 4차원의 시공간까지로 확대해갈 수 있기를 기대한다. 일 년 후 같은 장소에서 열리기로 예정된 전시회에선 그의 차심이 어떤 모습으로 변화할지 지켜보고 싶다.

시인과 농부
—김필곤의 생활시집 『산거일기』

'정좌처 다반향초(靜坐處茶半香初)'라 했던가, 다선초당 나지막한 정자 마루에 앉아 막 피어오르기 시작한 차향에 취해 올려다보면 먼 하늘 아래 지혜산의 위용이 구름 가운데 솟아 있다. 아침해가 떠오를 때는 일출봉이고 달 뜨는 저녁이면 월출봉이다. 섬진강으로 흘러드는 화개천에 합류하기 위해 서출동류(西出東流)의 벽사천은 문덕산 골짜기를 흘러 초당 앞마당을 보듬고 지나간다. '묘용시 수류화개(妙用時水流花開)'의 선경이 열리는 곳, 김필곤 시인이 펴낸 시집 『산거일기山居日記』(모아, 2003)의 무대가 바로 이곳이다.

동편제 가락을 짚어
흘러내린 산자락에

솔숲 대숲 기를 받아서
마냥 짙푸른 겨울 차밭

작설차 그 속눈썹 위에
송이송이 내리는 눈

눈에 묻히어 길이 끊긴
산골짜기 오두막 한 채

질화로 차 끓는 연기만
모락모락 돋아나고

녹차밭 잎새마다에
화엄경으로 피는 설화.

—「산거일기 — 겨울 차밭에서」 중에서

이십 년 오랜 도시생활을 청산하고 귀거래사를 부르며 출생지인 화개 옛 고향으로 돌아온 그의 산거생활은 거처할 만한 오두막집을 지어 올리는 것으로 시작된다. 시인으로 차인으로 혹은 출판인으로서 문인생활에 익숙했던 그가 가파르게 비탈진 바위산을 일궈 차씨를 뿌리고 차농사꾼으로 변신한다는 것이 아름답기만 한 것은 아니었다. 어쩌다가 다녀가는 방문객들이 선경 같은 구폭동 정취에 반해 신선 같은 그의 삶을 상찬하고 떠나가지만 그 생활의 힘듦을 여느 사람이야 어디 당해내겠는가. 그는 이렇게 노래한다.

산중 자연 산중생활
좋다고들 다 말은 해도

무심으로 몸만 훌쩍
깃들여야 할 청산인데

명리를 지고 올려니
못 오는 게 그 아닌가.

—「산거일기—좋다고들 말은 해도」 중에서

찻잎 움트기를 재촉하는 봄비 내리는 날 그는 서재에 늦도록 앉아 책을 읽고, 때로 친구라도 찾아오는 날이면 맑은 계곡 흐르는 물을 떠다가 청동화로에 끓여 청록차를 우려낸다.

후산은 서울에 있고
후산치밭은 화개골 있고

먹물옷 뻐꾸기 한 마리
서울과 화개를 오고가며

윤사월 청록차 잎으로
종일토록 차 끓이네

뻐꾸기 한 소절로
청동화로 차는 끓고

석란헌 차시일미로
물 흐르고 꽃은 피네

외로운 산봉우리에
흰 구름 한 장 걸린 이 봄.

—「산거일기 — 물 흐르고 꽃은 피네」 전문

이때쯤 창밖에 돋는 바람 소리는 아마도 무현금(無絃琴) 가락일 것이다. 차향과 가락이 어우러져 홍취가 나면 노래와 시의 화답이 이어진다.

우수절 베갯머리
밤새도록 비는 오고

이 아침 매화나무에
두세 송이 벙근 매화

반갑고 어여쁜 소식을
그 뉘에게 보낼까.

일지매 꺾어 쥐고
벽로다천 길어와서

삭정이 불을 지펴
홀로 앉아 차 끓이는

산사람 이 맑은 하루를
그 무엇과 바꿀쏘냐.

—「산거일기—두세 송이 벙근 매화」 전문

도법(道法)은 자연이라고 노자가 말했던가. 자연 속으로 돌아온 그가 정말로 자연이 진선미의 본질이며 사람의 고향이라는 것을 깨달았을 때 자연도 마음을 열어 그와 하나 되는 법을 알려준다.

낮이면 내가 산으로
어슬렁어슬렁 올라가고

밤이면 산이 내게로
뚜벅뚜벅 내려오네

때죽꽃 송송 핀다고
초롱초롱 별 뜬다고.

내가 산에 사는 걸까
산이 내게 사는 걸까

산노루 산토끼랑
서로 안아 키우면서

소낙비 까맣게 온다고
흰 눈 펑펑 내린다고.

오늘은 시월 상달
휘영청청 둥근 달에

머루 다래 따다놓고
풍월주 한 잔을 들어본다

딩그렁 거문고 탄다
시도 한 수 읊어본다.

—「산거일기—초롱초롱 별 뜬다고」 전문

이제 자연은 그의 몸이고 그의 몸은 곧 자연이다. 자연이 된 몸은 그대로 한 편의 시가 된다. 시집 『산거일기』는 지리산의 숨소리이고 화개천의 노랫가락이며 이제 지천명 나이를 넘어 이순의 경지로 나아가는 한냇물 김필곤이 뿜어내는 차인의 향기일 것이다. 우리 모두가 이렇게 살 수는 없을 것이다. 그러나 그가 노래한 바와 같이 "삶과 죽음은 구름 한 점/일어났다가 사라짐 그것//썩은 몸 헛된 세상/천 길 절벽 꿈을 깨면//참 나는 연못 속에서/피어나는 하얀 연꽃" 같을 것이니 그의 일기를 읽는 동안만이라도 선기 어린 지리산 비밀 속으로 빠져들 수는 없는 것일까. 내가 그의 시집을 곁에서 떼어놓을 수 없는 이유가 여기에 있는지도 모른다.

찻잔에 어린 역사
—박홍관의 『찻잔 이야기』

『찻잔 이야기』가 발간 사 년 만에 개정증보판을 찍었다는 소식이 들려왔다. 차에 대한 책이, 그것도 찻잔을 다룬 책이 계속해서 관심을 끌고 있다니 반가운 일이다. 이 책은 저자가 차생활을 한 지난 이십여 년간 찻잔을 모으고 차 자리를 찾아다니면서 느꼈던 찻잔에 대한 사랑을 한 권의 책으로 묶어놓은 것이다. 찻잔에 띄우는 그의 연서 모음집이라고도 할 수 있겠다. 글의 형식상 일정한 틀에 얽매이지 않는 수필체이면서도 수록된 내용의 풍부함에서 단순한 수필의 범주를 넘어 자료집으로서의 성격도 갖추고 있다. 일반 도자기에 대한 문헌은 많고 차그릇에 대해서도 많은 자료들이 축적되어 있지만, 차관과 찻잔만을 다룬 글들이 흔치 않은 현실에서 이 책은 우리나라의 도자기 연구 측면에서도 독특한 가치를 부가해놓은 것으로 평가할 수 있다.

『찻잔 이야기』는 다섯 부분으로 구성되어 있다. 제1부인 '석우연담

(石愚硯談)'에선 찻잔을 바라보는 저자 자신의 안목이 제시된다. 창작과 모방의 한계를 이야기하고 일본의 '야나기'적 관점에서의 도자기 평가 방법에 이의를 제기하면서 이름값으로 작품을 평가하는 세속적인 풍조를 개탄하기도 한다. 그는 이렇게 말한다. "작품을 알아보는 눈은 물질적 부로서는 결코 해결하지 못한다. 단 한 개의 잔을 놓고 있어도 '사랑'과 '관심'이 안목을 갖추는 가장 좋은 밑거름이다."

제2부 '찻잔을 통해 본 세상 풍경'과 제3부 '차와 찻잔'은 찻잔에 얽힌 에피소드와 차관과 찻잔에서 그가 발견한 미학을 소개하는 작품 감상서라 할 수 있다. 1969년 아인 박종한 선생이 대아 고등학교 교장 시절, 학생들에게 다도교육을 실시하면서 사용하던 '경의(敬意)의 찻잔'을 비롯하여 그 자신이 소장하고 있는 찻잔 '초심', 차관 '효자독' 등과 다른 차인들이 소장하고 있는 토우, 우송, 신경균 등의 작품을 소개하는 24편의 글이 실려 있다.

그러나 무엇보다도 이 책의 백미는 제4부 '찻잔을 만드는 사람들'이다. 토우 김종희(1921~2000), 도암 시순택(1912~1993), 이천 김복만(1934~2002) 등 작고한 작가로부터 시작하여 백산 김정옥, 도천 천한봉, 토정 홍재표 등 원로 작가들을 거쳐 최재호, 김기환 등 1970년대에 출생한 젊은 작가들에 이르기까지 모두 57명의 작가와 작품들이 소개되어 있다. 여기에 증보판을 내면서 고덕우, 이강효 등 28명의 작가를 5부에서 더 소개하였다. 이들의 작품을 한자리에서 감상할 수 있다는 것은 확실히 독자들의 청복이다. 전국 방방곡곡을 발품 팔아 뛰어다니며 샅샅이 뒤져낸 저자의 노력에 우리들이 빚지고 있는 것이라 할 수 있다. 저자는 그 나름의 작가 선정기준을 이렇게 요약한다. 차그릇을 중심으로 작업해온 작가들 중 작품의 독창성에 주안점을 두었으며 장작가마 작품을 우선하되 열성적이고 왕성한 다기 작업을 주로 해온 신진 작가들도 다수 포함시켰다는 것이다. 저자는 이러한 선정이 철저하게 주관적이었음도 밝히고 있다. 그의 선정기준을 나무랄 수는 없지만 이러한 기준이 작가들에게 각각 어떻게 적용되었는지에 대한 일관성 있는 설명이 미흡한 것 같고 선정된 작품에 대한 해설이 좀더 분석적이었다면 하는 아쉬움이 남는다. 저자의 주관성은 저자 나름의 통일된 미적 가치를 보여줄 수 있다는 장점이 있지만 객관성을 겸유할 때 자료로서의 가치는 더욱 빛을 발할 수 있을 것이기 때문이다.

다심, 시심 그리고 불심

다심(茶心)

'Tea loving room'이라 해야 할까, 'Tea lover's room'이라 불러야 할까. 뉴저지 주 클로스터 시에 있는 패스캑밸리 종합병원 건물 일층에 마련된 다애실(茶愛室)에 들를 때마다 가졌던 생각이었다. 그곳에 미무는 이 주 동안 서니 차례에 걸쳐 한국차 강의와 차회를 가졌던 곳이다. 장방형 사각 테이블 주변에 의자를 늘어놓으면 여덟 명에서 열 명까지 앉을 수 있는 자그마한 방, 차회를 갖기에는 적당하나 강의하기에는 비좁은 공간이지만 첫 강의가 있었던 목요일 저녁에는 멀리 코네티컷 주에서 두세 시간을 운전해온 부부를 포함해 열다섯 명이 넘는 회원들이 방을 빼곡히 채웠다.

'차생활의 기본', 이것이 첫날 제목이었다. 한 분이 질문을 했다. "주위 사람들께 차를 권하면 차가 너무 고급문화가 아니냐고 물어요. 커피나 다른 음료들은 대중성이 있는데 차는 그런 느낌이 들지 않는다는 것이지요. 그때는 대답할 말이 궁색해져요." 미국에서는 우리 녹차 값이 훨씬 비싸다는 것, 커피에 비해 차 마실 때는 시간적 여유와 절차가 더 필요하다는 것, 몇 가지 다기를 갖추어야 한다는 것 등이 그러한 질문이 나오게 되는 이유라고 할 수 있겠다. 차를 소개할 때 즐겨 쓰는 방식 중 하나가 우리 차에 대한 일반적인 오해 몇 가지를 풀어주는 것이었는데 그중의 한 가지인 '바빠서 못 마신다'는 오해와 관련 있는 질문이라고 할 수 있을 것이다.

커피문화와 차문화의 차이를 영화 관람과 뮤지컬 관람에 대비해본다면 어떨까. 이것을 저급문화와 고급문화의 차이라고 볼 수 있을까. 집 주변에서 쉽게 볼 수 있고 다양한 선택이 가능하며 관람료가 저렴하다는 면에서 영화가 대중적인 반면, 뮤지컬이나 오페라는 대중성이 떨어진다. 프로그램이 제한돼 있으며 특정 장소에 예약된 시간에 맞춰 가야 하고 티켓 가격 또한 비싸다는 이유 때문일 것이다. 그러나 이러한 차이를 저급문화와 고급문화로 구분할 수는 없을 것이다. 영화 팬과 뮤지컬 마니아들은 다를 수도 있고 같은 사람이 두 가지를 다 좋아할 수도 있지만, 이는 취향과 기회의 차이고 익숙한가 그렇지 않은가의 차이일 뿐이다. 나는 한동안 영화를 좋아했지만 요즘은 많은 시간을 영화관 아닌 무용공연장에서 보낸다. 매일 마시던 커피 대신 녹차를 마시게 된 것과 유사한 변화라 할 수 있겠다. 녹차의 깊은 맛과 그 신비스런 작용을 안다면 저급이냐 고급이냐의 논쟁은 무의미하다. 우선 그 맛을 알고 차 마시는 자리에 익숙해지고 볼 일이다. 비싸다거나 바쁘다거나 복잡하다는 이유들은 스스로를 동여매면서 차를 가까이 불러들이지 않는 핑계가 될 뿐, 차가 그곳에 있고 차 마심을 사랑한다면 그러한 불편은 봄눈 녹듯 순식간에 스러져버릴 것이다.

우리는 차를 무엇이라 부를 수 있을까. 차는 물이다. 그렇지만 단순한 물이 아니라 물 속에 녹아 있는 정신이기도 하다. 사람들은 이것을 신(神)이라고도 하고 기(氣)라고도 하지만 나는 정(情)이라 부르고 싶다. 노자는 세상에서 최고의 덕목은 물과 같아지는 것(上善若水)이라 했다. 물은 만물을 이롭게 하고, 서로 다투는 일이 없으며 스스로 낮은 데로 처하는 겸손함을 지녔기 때문이다. 최상의 덕목을 가진 물에 정까지 녹아들었다면 더이상 무엇을 바랄 수 있을까. 좋아하려고 맘을 먹어서였든, 우연에서였든 차를 만나서 그를 좋아하게 되었다면 이 소중한 친구와 평생을 함께하는 것도 나쁘지 않은 인연일 것이다. 차는 결코 사람을 배반하지 않고 다만 이롭게 해줄 뿐이다. 서로 다투지 않고 스스로 겸손해지는 삶을 차에서 배우고 그를 통해 나와 함께 남들을 이롭게 하는 삶을 살아가는 것이 차인의 마음, 곧 다심이라고 생각한다.

시심(詩心)

당신이 맑은 새벽에 나무그늘 사이에서 산보할 때에 나의 꿈은 작은 별이 되어서 당신의 머리 위에 지키고 있겠습니다.

당신이 여름날에 더위를 못 이기어 낮잠을 자거든 나의 꿈은 맑은 바람이 되어서 당신의 주위에 떠돌겠습니다.

당신이 고요한 가을밤에 그윽히 앉아서 글을 볼 때에 나의 꿈은 귀뚜라미가 되어서 책상 밑에서 '귀똘귀똘' 울겠습니다.

— 한용운, 「나의 꿈」 전문

'님만 님이 아니라 기룬 것은 모두 님'이라고 서문에서 밝혔던 만해의 시집 『님의 침묵』에 실린 88편의 시 중에서 내가 가장 좋아하는 한 편의 시를 골라내기는 쉽지 않다. 너무도 유명해 인구에 회자되는 시가 여러 편이라는 것도 이유가 되겠지만 그보다도 더욱 곤혹스러운 일은 어떤 시를 골라봐도 몇 번을 음미해보면 그 시가 곧 가장 좋아하는 시가 되어버린다는 점이다. "당신의 얼굴은 달도 아니언만/산 넘고 물 넘어 나의 마음을 비칩니다"로 시작되는 「길이 막혀」도 그렇고 "이별한 한이야 너뿐이랴마는/울려야 울지도 못하는 나는/두견새 못 된 한을 또다시 어찌하리"라고 피 흘려 우는 「두견새」란 시도 그중의 하나이다.

「나의 꿈」은 아마도 만해 시 중에서 가장 고요한 시가 아닐까 한다. "푸른 산빛을 깨치고 단풍나무 숲을 향하여 난 작은 길을 걸어서 참어 떨치고"(「님의 침묵」) 간 님에 대한 원망이나, "그칠 줄을 모르고 타는 나의 가슴"(「알 수 없어요」)에 대한 끊임없는 의문들이 모두 해소되어버린 정관(靜觀) 또는 지관(止觀)의 상태라 할 수 있을까. '맑은 새벽'

'나무그늘' '맑은 바람' '작은 별' '고요한 가을밤' 등의 청량한 시어들이 도시의 공해에 찌들 대로 찌든 마음을 소생시켜주는 듯하고 오염된 금수강산을 안타깝게 바라보아야 하는 아픈 마음을 위로해주기에 나는 이 시가 풍기는 고요한 정경을 좋아한다. 흔히 만해의 '님' 혹은 '당신'을 회복해야 할 민족이나 떠나가버린 연인이라고 해석하지만, 오늘에 새로 읽히는 한용운의 '님'은 바로 나날이 황폐해가고 오염되어가는 우리의 자연이 아닐까. 3·1운동 당시 독립선언서에 서명했다는 이유로 이 년여의 옥고를 치르고 출감한 후 내설악 백담사에서 『님의 침묵』을 탈고하기까지 승려이자 시인 그리고 민족운동가로서의 그에게 비쳐온 가장 큰 아름다움은 이 땅의 자연과 강산이 아니었을까.

이제 독립이 이루어지고 한강의 기적이 일어나 선진국 문턱으로 발돋움하고 있지만 그 대가로 희생되어가는 이 땅의 자연을 그가 되돌아와서 바라본다면 그는 무어라고 다시 노래할 것인가. 그의 꿈은 맑은 새벽 나무그늘 사이를 산보하는 우리들의 머리 위에 작은 별이 되어 지켜주는 것이었다. 또한 그의 꿈은 맑은 바람이 되어 우리들 주위를 떠도는 것이었고 맑은 가을밤 글을 읽을 때엔 우리들의 창밖에서 귀똘귀똘 조용히 울어주는 것이었다. 그런데 오늘 그가 그토록 애달프게 사랑했던 '님'이며 '당신'인 이 자연을 제대로 지키지 못하고 있는 우리들에게 만해의 시 한 편은 너무나 절실하게 다가오는 듯하다.

불심(佛心)

천명을 이제 조금씩 알아가는 나이가 되어서일까, 최근에 들어 우리 산과 물, 자연에 대한 관심이 부쩍 많아졌다. 틈나는 대로 차를 몰고 달리다보면 가야산도 되고 지리산도 나오고 섬진강에도 닿는다. 산과 절을 찾다보니 자연히 관련 서적도 자주 접하게 되었다. 그중에서 처음엔 공부하는 마음으로 집어들었지만 읽다보니 자연스럽게 빠져들어 재미있게 읽은 책이 『선의 나침반 *The Compass of Zen*』(열림원, 2001) 두 권이었다. 『선의 나침반』은 불교에 관한 해설서이면서도 강연 형식을 빌려 불교와 선의 이치를 쉽게 설명해놓은 책이다. 특이한 것은 저자가 미국인 승려이고 그가 미국을 순회하며 설법에 나섰던 숭산 스님의 강연을 정리하여 1997년 현지에서 영어로 출간한 것이 뒤늦게 한국어로 번역 출판되었다는 사실이다. 그는 아예 '현각'이란 법명을 받고 출가한 후 한국에 들어와 수행자의 길로 들어섰다.

책의 첫 권은 불교에 관한 기본적인 개념과 지식을 설명하는 것으로 시작된다. 소승불교와 대승불교, 불교에서 바라보는 세계관과 인생관, 각종 경전들의 내용과 특징이 가볍게 소개된다. 어떤 면에서 다른 불교 입문서들과 다를 바 없어 보인다. 강연 형식으로 사례를 많이 들어 쉽게 설명하고 있다는 차이 정도일 것이다. 그러나 이 책의 특징은 '선불교'라는 불교의 한 갈래를 다루는 2권에서 잘 드러난다. 설법자는 불교를 부처님의 가르침 단계에 따라 소승불교, 대승불교, 선불교로 삼분한다.

자신을 깨닫는 단계가 소승이라면 자신을 비롯한 모든 존재가 '공(空)'이란 것을 깨닫고 자비를 실천하는 단계가 대승이고 이 단계를 넘어선 곳에 선불교가 있다는 것이다. 말로 설명할 수 없고 가르침의 밖에 있다고 해서 '불립문자 교외별전(不立文字 敎外別傳)'으로 설명되는 선불교의 진면목을 말과 글로 설명하고자 시도했다는 면에서 모순적이라고도 볼 수 있지만 그 외에 또 어떤 방법이 있는가. 말할 수 없는 것을 말하는 것, 이것이 또한 선의 매력이며 책의 매력이 아니겠는가.

이 책은 말한다. 시계가 무엇인가? 하고 물으면 그냥 시계를 보는 것, 컵의 본질이 무엇이냐고 물을 땐 그냥 컵 속의 물을 마시는 것이 선의 본질이라고. 만물을 있는 그대로 보고 자연을 깨달으라는 가르침일 것이다. 그리고 이것이야말로 "선의 정신은 틀에 박힌 상투적 수단을 타파하는 데 있는 것"이라며 해탈의 길을 묻고자 찾아오는 모든 사람들에게 "차나 한 잔 마시고 가게" 하면서 돌려보냈다던 조주(趙州) 선사의 가르침에 통하는 것은 아닐까. 뒤엉킨 현실 속에서 자신을 속박하는 모든 형식과 상투적인 가식에서 벗어나 다만 '맛있는 차나 한 잔 즐겁게 마시지' 하는 마음으로 돌아가고 싶은 사람들에게 권해보고 싶은 책이다.

한국 차문화에 대한 몇 가지 오해

『타임』 지가 선정한 세계 10대 건강식품에 녹차가 포함된 적이 있다. 얼마 전 뉴욕타임스에는 녹차추출물이 함유된 영양크림 50그램이 오백 불에 팔린다는 기사가 소개되었고 2003년 봄, 아이비리그의 명문인 코넬 대학은 한국 중국 일본 동양 3개국의 전통 차문화를 비교 조명하는 페스티벌을 한 학기 내내 개최한 바 있다. 우연한 일들이 아니다. 녹차의 항암 효과와 콜레스테롤, 혈당, 혈압 조절 능력에 이어 다이어트와 노화 억제에까지 이르는 다양한 의학적 실험 결과들이 연이어 발표되고 동양문화에 대한 서양사회의 관심이 집중되면서 자연스럽게 일어나고 있는 현상들이다. 최근 들어 이러한 현상은 더욱 가속화되어가고 있다. 국내에서는 물론 미국에서도 곳곳에 녹차를 파는 찻집들이 늘어나고 유명한 커피 체인인 'Coffee Bean'은 상호에 'and Tea Leaf'란 말을 추가하기도 했다. 뉴욕과 뉴지지 지역에 사는 동포들에 의해 '한국

차를 사랑하는 모임(Korean Traditional Tea Lover's Society)'이 결성되어 차모임을 갖고 있는 것도 눈에 뜨이고, 미국 전역에 산재한 천여 개 한인학교의 교사 연합체인 NAKS에서도 2004년부터 매년 열리는 연차총회에서 한국 차문화를 소개하는 강연을 정례화하고 있다. 미국 이민 백 년을 넘긴 시점에서 해외동포들의 우리 차 찾기 운동이 확산되기 시작한 의미는 크다. 우리 차를 올바로 알고 외국인들에게 소중한 우리 문화를 전파하기 위해서는 먼저 우리 차에 대한 몇 가지 오해를 풀어줄 필요가 있다.

첫번째 오해—한국엔 차문화가 없다

먼저 중국이나 일본에 비해 한국에는 고유한 차문화가 없다는 오해를 풀어야 한다. 차를 중국에서 마시기 시작했다는 것에는 이론의 여지가 없다. 우리나라에 차가 처음 전래된 시기는 문헌상으로는 천사백여 년 전 신리 초기이지만 그 이전의 가야시대부터 차가 음용되고 있었다는 흔적은 여러 군데서 발견되고 있다. 중국차는 다양하고 풍성하지만 발효차 위주이고 물 대용과 약용으로 차가 일상화되어왔다. 일본과 한국은 녹차 중심이지만 가루차 위주인 일본에 비해 우리는 잎차 중심이다. 일본의 차문화는 '차노유(ちゃのゆ)'라 이름 붙인 번잡한 의식으로 대표되지만 우리 전통은 차를 우려내어 마시기까지의 모든 과정에서 자연스럽고 간편한 멋을 찾으며 인위적 형식보다 차 본연의 순수함을 중

시한다. 우리 차문화의 형식이 자연주의라면 내용은 실질주의라 할 수 있고, 이러한 철학에 기초한 우리 차생활에 선조들은 다도란 말 대신에 차례(茶禮)란 말을 즐겨 써왔다. '한국에 고유한 차문화가 없다'는 말은 '한국의 차문화엔 일본식 다도가 없다'는 말로 수정하는 것이 옳다.

두번째 오해 — 차는 마실 거리를 뜻하는 보통명사?

둘째로 차라는 이름을 가졌다고 해서 모두 차가 아니란 사실을 알아야 한다. 차는 동백과에 속하는 차나무(*Camellia Sinensis*)란 고유한 품종의 식물에서 따낸 잎을 우려낸 음료를 말한다. 미국에도 녹차 붐이 불기 시작하면서 전통찻집이란 간판을 내건 찻집이 늘어나고 있다. 그러나 반가운 마음에 들러보면 정작 차를 찾기가 쉽지 않다. 수정과 식혜 인삼차 쌍화차 오미사차 둥굴레차 국화차 각종 허브차들이 전통차란 이름으로 주로 팔리고 간혹 녹차를 발견한대도 현미녹차 아니면 봉지 녹차가 대부분이다. 많은 사람들이 차를 마신다고 하면서 차라는 이름이 붙은 다른 음료들을 마시고 있는 것이다. 아직도 우리 주위에 찻잎을 제대로 우려낸 본래의 녹차맛을 한 번도 경험해보지 못한 사람들이 많은데 그들이 차맛을 이야기하고 있으니 안타까운 일이다.

세번째 오해—바빠서 못 마신다

셋째로 생활이 너무 바빠서 차 마실 시간이 없다는 이야기를 흔히 듣는다. 시간이 많이 걸리고 도구가 복잡하며 비용이 많이 든다는 것이다. 실제로 전통차 마시는 법을 보여준다 해서 시연회에 참석해보면 화려한 실내장식과 고운 한복 차림의 여인들이 먼저 눈에 띈다. 둘러쳐진 병풍 앞에 무릎 꿇고 앉아 숯불로 물 끓이고 표주박으로 물을 떠담아 찻상에 놓였던 찻잔을 받쳐들고는 사뿐사뿐 차를 나르는 여인들의 모습은 아름답다. 그러나 한 번 보기엔 좋을지 모르지만 차를 이렇게 마셔야 하는 것이라면 아예 시작할 것이 못 되겠구나 하는 생각이 들게 한다.

실제로 차단체들이 한국차 시연을 위해 외국에 방문하는 일이 종종 있다. 그러나 대부분의 경우, 차 보급은커녕 오히려 외국인과 동포들로 하여금 차를 멀리하게 하는 빌미를 제공해주고 돌아가는 경우가 흔하다. 요즈음 전국에서 각종 차회들이 우후죽순처럼 생겨나면서 각자의 특성을 부각하기 위해 행다 절차를 점점 화려하고 복잡하게 만들어가는 경향이 눈에 뜨인다. 경계할 일이다. 우리 차의 전통이 그렇게 화려하고 특이한 절차에 있었던 것도 아니고 차 마시는 것을 일부러 어렵게 만들 일은 더욱 아니다. 몸에 익숙해지기만 하면 녹차는 커피만큼 마시기 간편하고 어느 보약보다 몸에 좋으며 술이나 음식보다 비용이 싸게 든다는 사실을 알아야 한다. 더욱 중요한 것은 한국산 녹차가 다른 어느 나라 차보다 품질이 뛰어나고 맛이 있으며 몸에 좋다는 것을 아는 것이다. 신토불이라 하지 않았던가. 유수한 외국의 차인들이 한국차와 차그릇의 아름다움에 흠뻑 빠져는 것은 우연한 일이 아니다.

네번째 오해 — 녹차에도 카페인이 많다

녹차는 마시고 싶은데 카페인이 염려된다는 말을 종종 듣는다. 카페인은 각성 작용을 하고 심장박동수를 늘리며 감정을 고조시키는 작용을 한다. 잠을 쫓는 효과가 있기에 불가의 승려들은 참선수행의 한 방법으로 차를 상용해오기도 했다. 녹차에 카페인이 들어 있는 것은 사실이지만 커피나 콜라, 홍차 등에 비한다면 그 양은 극히 적은 편이다. 어느 연구결과에 의하면 우유컵 한 잔(5온스)의 커피가 음용 방법에 따라 65~115밀리그램, 콜라가 46밀리그램, 홍차가 40~70밀리그램의 카페인을 포함하는 데 비해 같은 양의 녹차는 15밀리그램뿐이라고 한다. 의사들은 1일 200밀리그램까지의 카페인에 대해서는 너그럽다. 더구나 녹차의 카페인이 다른 음료와 달리 일시에 흡수되지 않고 천천히 흡수되어 부작용을 분산시켜준다는 것을 안다면 카페인에 대한 우려 때문에 녹차의 신비스러운 효과를 포기한다는 것은 생각할 수도 없는 일이다. 그렇다면 이렇게 좋은 우리 차 어떻게 마실 것인가.

우리 차, 어떻게 시작할까

먼저 차를 마시기 시작할 것을 권한다. 차를 마셔야만 차를 알 수 있고 존중할 수 있다. 존중은 바른 지식에서 비롯된다. 우리 차를 쉽게 접하고 바로 아는 것으로부터 시작해야 한다. 한국차와 차문화의 가장 큰 장점은 자연주의와 실용주의에 있다. 백두대간의 정맥인 지리산 정기를 받고 자라난 차나무에서 따낸 찻잎의 성분을 자연 상태 그대로 보존하기 위한 가장 온전한 방법이 덖음법이고 이렇게 만들어지는 차가 우리 녹차이다. 차를 마실 때도 인위적 절차를 가능한 한 배제하고 소박하고 자연스럽게 마시는 것이 우리 차의 전통임을 알아야 한다. 올바른 지식을 갖기 위해서 우리 차문화에 대한 연구가 활성화되어야 한다. 사백년 전 허준이 쓴 『동의보감』에 이미 언급되었던 녹차의 다양한 효능들이 모두 외국 학자들에 의해서 차례로 밝혀지고 있다. 외국 학자들에 의한 이러한 일반적인 연구들에 덧붙여 한국차의 성분에 대한 집중적 연구나 중국차, 일본차 등과의 효능 비교는 우리 과학자들에 의해서 이루어져야 할 시급한 과제들이다. 중국이나 일본과 다른 고유한 우리 차문화의 전통을 되찾아 바로 세우고 이를 후세들에게 올바로 교육하는 것 역시 과거사 바로 찾기 차원의 숙제라 할 수 있다.

정책적인 차원에서 우리 차 진흥을 위한 체계적 노력도 시작해야 한다. 차를 마시는 민족이 흥한다고 다산은 말했다. 차문화가 한국을 대표할 수 있는 중요한 전통문화의 하나임은 재론의 여지가 없다. 경제적인 차원에서 차 산업을 육성하고 한류문화 보존 차원에서 차문화를 발굴하는 동시에 정서적 차원에서 다례(茶禮)와 그 아름다움, 그리고 그 바탕에 깔린 정을 사람들에게 심어주어야 한다. 대상에 대한 사랑 없이 형식을 논하고 절차를 만들고 지식을 나열하는 것이 무슨 의미가 있는가. 차를 마시지도 않으면서 차를 말하는 사람이나 문화에 대한 사랑 없이 외치는 문화사랑의 구호는 오히려 소중한 문화를 더욱 멀리하게 할 뿐이다. '향원익청(香遠益淸)'이라고 연꽃이 진흙탕 속에 피어나지만 맑은 향기를 멀리 보내듯, 분주하고 혼탁한 도시생활 속에서 차를 마시며 차에 대한 사랑을 쌓아가는 것이 향기로운 세상을 만들어가는 출발점이 될는지 모른다.

한국 차정신의 표상
—순청온공의 마음

왜 차문화를 말하는가?

21세기를 흔히 '문화의 세기'라 하고 현대를 '문화전쟁의 시대'라고도 표현한다. 20세기를 '과학문명의 세기' 혹은 '이데올로기 전쟁의 시대'라고 부르던 것과는 대조적으로, 고도의 문화를 보유하고 보급할 수 있는 나라가 선진국으로 거론되는 시대가 등장한 것이다. 문화란 개념 자체는 너무나 방대해서 광의의 문화 개념에는 언어, 역사, 예술은 물론이고 종교, 철학, 교육, 기술, 민속 등 시대와 공간을 구성하는 대부분의 비자연적 요소가 포함된다. 그러나 '문화의 세기' 혹은 '문화전쟁의 시대'라고 말할 때 쓰이는 '문화' 개념의 키워드는 '문화예술'이고 그 범위 속에 문학, 미술, 음악, 무용, 연극, 오페라 등 전통적 의미에서의 순수예술과 방송, 출판, 영화, 뮤지컬, 사진, 디자인, 건축, 테마파크 등

상업예술 분야, 그리고 민속, 음식, 가례(家禮), 차례, 판소리, 탈춤, 무술 등과 같은 전통적인 요소들이 모두 포함될 수 있다.

다양한 문화예술 분야 중에서 오늘은 한국 차문화를 중심으로 논의를 시작하고자 한다. 왜 차문화인가? 이러한 의문에 답하기 위해서는 먼저 세계 속에서 차가 지니고 있는 문화적 의미를 이해하는 것이 필요할 것이다.

보편성과 고유성을 갖춘 차문화

차는 오늘날 세계인들이 물 다음으로 많이 마시는 보편적 음료이다. 차의 이름도 세계적으로 차(혹은 다, 茶), 차이(chay), 티(tea), 테이(tey), 테(te) 등 거의 유사한 명칭으로 통용되고 있다. 차의 산지도 인도, 중국, 스리랑카, 인도네시아, 터키, 일본 등 아시아권과 케냐 등 아프리카 지역, 남미, 러시아 등에 이르기까지 전 세계에 고루 분포되어 있다. 찻잎을 가공하여 만드는 차의 종류와 마시는 방법 등은 나라마다 각각 다를 수 있다. 한국과 일본에서는 녹차문화가, 중국에서는 오룡차와 철관음차 등 반발효차문화가, 그리고 서양에서는 홍차문화가 발달한 것 같은 경우이다. 차문화는 나라마다의 고유성을 유지하면서도 세계적 보편성을 겸유하고 있는 특이한 문화인 것이다.

종합문화로서의 차

차문화는 음료문화에 그치는 것이 아니라 그 사회의 종합적인 문화를 담아낸다. 차를 마시기 위한 그릇으로서의 도자기문화, 차를 우려내어 함께 마시는 예절, 다식 등 차와 함께 먹는 음식, 그 밖에 의상, 서화, 건축(다옥과 다실) 등이 차에 수반되는 문화이다. 차문화의 전통으로 유명한 중국, 영국, 일본이 도자기분야에서도 세계적인 명성을 누리고 있는 것은 우연한 일이 아니다. 임진왜란이 문화사적 관점에서 도자기 전쟁이라고 불리고 영국의 인도 침략과 중국의 아편전쟁, 미국 독립전쟁의 배후에 차 교역이 도사리고 있었다는 사실도 눈여겨보아야 한다. 차문화에 대한 관심은 종합적인 전통문화에 대한 연구로 확장될 수 있을 것이다.

역사적 가치를 지닌 차문화

일본의 차문화가 임진란 후부터 발흥한 것이라면 우리 차 역사는 신라시대 혹은 그 이전의 가야시대로 거슬러 올라간다. 우리나라에서 차는 선덕여왕 대 이전부터 마셔왔지만 차씨 재배에 관한 최초의 기록은 9세기 초에 나타난다. 『삼국사기』에는 중국에 사신으로 갔던 대렴이 차씨를 가져와 지리산 남쪽(현재 하동군 화개면으로 추정)에 심었다는 기록이 있고 현재에도 화개 지역을 비롯해서 전남 보성, 제주도 등지에 차밭이 넓게 분포되어 있다. 삼국통일 후 고려시대에 불교의 융성과 함께 꽃을 피웠던 차문화는 조선시대에 들어 급속히 쇠퇴하지만 19세기 초 다산과 초의에 의해 우리 차의 맥락은 다시 이어진다. 그러다가 해방 후 서양풍과 함께 들어온 커피, 홍차, 콜라 등에 쫓겨 다시금 설 자리를 잃으며 새로운 수난기를 맞는다. 1980년대에 이르러 차문화에 대한 관심이 살아나면서 우리 차의 대중화 현상이 확산되고 있으나 최근 농산물 시장 개방에 따른 여파로 중국의 보이차, 일본식 말차의 내습 등으로 다시 한번 수난기를 맞고 있다. 천사백 년 이상 지속되어온 우리 차문화는 역사적 수난과 부침을 함께해온 전통문화이며 계속적으로 보존하고 발전시켜가야 할 가치 있는 역사인 것이다.

삶의 건강과 미적 가치로서의 차문화

근래에 들어 웰빙 의식이 확산되며 차가 건강식으로 보급되고 차의 약용 효과에 대한 연구가 활발해지고 있다. 그러나 동양에서는 이미 오천 년 전부터 차가 약으로 쓰여왔다. 8세기에 나온 중국의 『다경茶經』에서 "속이 답답하고 머리가 아프고 눈이 침침하고 팔다리가 뻑뻑하여 관절이 펴지지 않는 사람은 차를 네댓 번 마셔라"라고 기록한 것이라든지, 허준이 『동의보감』에서 "작설차는 눈을 밝게 하고 변을 이롭게 하며 갈증을 덜어주고 잠을 적게 하며 온몸의 독을 풀어준다"고 차의 효능을 설명한 것을 비롯하여 수많은 다서들이 차의 효과를 언급하고 있다. 오랫동안 전승되어오던 이러한 효능들이 이제 현대과학을 이용한 분석과 실험을 통해 그 비밀스런 베일을 하나씩 벗겨가고 있다. 그러나 정작 차의 중요성은 약용 효과보다는 그 미적 가치에서 찾을 수 있다. 차의 아름다움을 말할 때 보통 차의 향과 색과 맛의 아름다움을 꼽는데, 차를 좋아하고 오래도록 차를 마신다는 것은 결국 차의 아름다움을 닮아가고 싶기 때문일 것이다. 차 속에 숨겨진 미를 찾기 위한 순수한 마음을 갖추어가는 것, 그래서 자연이 품고 있는 원형의 아름다움을 있는 그대로 느낄 수 있는 삶의 본성을 찾아가는 과정이 차생활의 본질인 것이다.

우리 고유의 차문화와 정신을 표상하는 글자는 무엇인가?

일본은 일찍부터 '화경청적(和敬淸寂)'이란 네 글자로 일본 다도를 대표하고 있고 중국은 '정행검덕(精行儉德)'이란 용어를 자주 사용해오고 있다. '화경청적'의 '화'는 화합과 조화이며 '경'은 존경과 경의를 표현한다. '청'은 차생활의 내면과 외면의 청정을 뜻하며 '적'은 괴로움과 번뇌가 없는 마음 상태를 나타낸다. '화'와 '경'은 다사(茶事), '청'과 '적'은 다실, 다기에 관련한 차인의 정신과 상태를 함축하고 있다고도 한다. '정행검덕'에서 '정'은 세밀한 선택이며 수련의 결과로 나타나는 정교함이기에 '정행'은 '화경'보다 엄격한 차인의 행실을 강조하는 표현이다. '검덕'은 소탈하고 검소한 차인의 덕이다. 다산의 해석에 따라 '덕(德)'을 '行+直+心'으로 해자해본다면 '검덕'은 곧은 마음으로 행하는 차인의 검소한 행실을 뜻한다고도 볼 수 있다. 한국의 차정신을 나타내는 말로서는 때때로 '중정'을 내세우는 경우가 있다. 초의도 『동다송』에서 이 용어를 사용하고 있는데 중정이란 용어는 다음과 같이 쓰이고 있다. 즉 본문에 "체신수전유공과중정 중정불과건영병(體神雖全猶恐過中正 中正不過健靈倂)"이란 말이 있는데 요지는 물과 차는 각각 차의 몸과 신이기 때문에 중과 정이 넘침을 두려워해야 하며 중정이 균형을 이룰 때 몸과 신이 함께 어우러질 수 있다는 뜻으로 해석될 수 있을 것이다. 이에 대해 "다과의작 불가과중실정(多寡宜酌 不可過中失正)"이란 주석이 달려 있는데 이는 차를 우릴 때 물과 차의 양을 적절히 조절함으로써 중이 넘쳐 정을 잃지 않도록 해야 한다는 뜻으로 설명할 수 있을 것이다. 차인들에게 넘치지도, 모자라지도 않은 최적의 균형 상태를 강조하는 가르침이다. 물론 중정의 어원적 근원은 보다 먼 데서 찾을 수 있다. 『중용』에 보면 "제장중정 족이유경야(齊莊中正 足以有敬也)"란 구절이 나온다(30장). '외형과 내면이 가지런하고 엄숙하면 족히 존경받을 만하다'란 뜻인데 '중'은 외형을, '정'은 내면, 즉 실제 이치를 뜻하는 것으로 볼 수 있다. 곧 중정이란 내용과 형식의 표리일체를 강조하는 것으로 이해하여야 할 것이다.

한국차의 기본정신을 중정이란 두 글자로 압축한다면 이는 과도한 의식에 빠지지 않으면서 차를 일상사처럼 함부로 다루지도 않는, 자연스러움 속에서 형식과 실질 면의 균형을 찾으려 했던 선조들의 고유한 차정신을 보여주는 것이라고 하겠다. 그러나 중정은 본래 유학(儒學)이나 역학(易學)에서 사용하는 특수한 용어로서 그 의미가 지나치게 포괄적이고 철학적이어서 다양한 해석이 가능하고 현대어에서는 잘 쓰이지도 않는 말이기 때문에 현대의 차정신을 대변하는 용어로 사용하기에는 부적절하다. 우리 고유의 차정신을 포괄적이면서도 명료하게 표현할 수 있는 새로운 말을 찾아볼 필요성이 대두되는 것이다. 적합한 용어를 찾기 위해서 앞에서 간단히 언급했던 우리 차의 특성을 다시 살펴보고 그 특징을 가장 잘 대변할 수 있는 글자를 찾아보려 한다.

순(純 : natural, genuine, simple)

우리 차의 첫번째 특징은 자연스러움이다. 전통적인 차 제조법을 보면 발효나 훈증(熏蒸) 또는 수증(水蒸)의 과정을 거치지 않고 덖음법을 사용함으로써 천연 찻잎의 원형을 가장 자연스럽게 보존하고 있다(純然). 제조과정에 찻잎 외에 다른 요소를 첨가하지 않는 순수성을 지킴으로써 순미(純味)를 유지한다는 것도 우리 차의 특징이다. 자연스러움은 차를 우리고 마시는 과정에서도 그대로 드러난다. 차와 다른 음식을 함께 먹지 않고 순전(純全)한 차맛을 느끼고자 하는 것이 일본이나 중국과 다른 점이고, 엄격한 격식을 배제하면서도 차 자리가 지나치게 범용한 일상사 수준으로 떨어지지 않도록 배려한다. 따라서 차 자리로는 팽주나 손님이 모두 자연스러운 것을 제일로 친다. 이것은 '화경청적'의 인위적 분위기나 '정행검덕'의 엄격함과는 분명히 구별되는 우리 차의 독특함이라 할 수 있다. 이러한 자연스러움을 표현할 수 있는 말로서 순(純) 자를 발견하게 된다. 순수함, 온전함, 부드러움, 천진함, 전일함 등의 훈(訓)을 가지며 순결, 순박, 순리, 순진, 순실 등으로 쓰이는 말이다.

청(淸: clean, pure, cool)

우리 차의 두번째 특성을 실용 면에서 찾을 수 있다. 차를 마시는 목적은 사람마다 다를 것이다. 중국에서는 애초에 차가 약용이었고 수질이 나쁜 곳에서 차를 물 대용으로 마셔왔다. 일본에서 차는 정신수양의 도구로서 발전해온 반면 최근에 서양에서 녹차 바람이 일고 있는 것은 인체 건강에 미치는 녹차의 효과가 검증되었기 때문이다. 한국에서도 고려와 조선시대 차는 불가에서는 수행의 방편으로, 민간에서는 약용으로 이용되어왔다. 그러나 차가 약용이나 수행의 도구로서만 인식되었다면 차 역사 오천 년, 물 다음으로 많이 찾는 인류의 마실 거리라는 영예를 차지하지는 못했을 것이다. 세계인들이 보편적으로 차를 마시는 가장 중요한 이유는 이러한 효과들 외에 차만이 가지고 있는 독특한 맛이 있기 때문이다. 향이나 색에 비해 맛은 실용이다. 맛에 끌려 차와 가까이하고 차를 끊을 수 없게 될 때 차는 약용으로서 우리 몸을 살려주고 수행의 방편으로 우리 정신을 맑혀주는 것이다.

차를 마시면서 굳이 색향미를 구분하여 인식할 필요는 없지만 차인들이 좋아하는 색향미의 성질은 각각 다르다. 우리가 찾는 색향미의 아름다움은 무엇보다 그 맑음에 있다. 맑은 빛깔, 맑은 향기, 맑은 맛이야말로 중국이나 일본 차와 비교되는 우리 차의 특징이며 그 맑음을 색향미 제일의 가치로 치는 것이 우리 차인들의 멋일 것이다. 이러한 가치로부터 찾아낼 수 있는 단어는 청(淸)이다. 맑음, 고요함, 조촐함, 청렴함이란 훈을 갖고 있으며 청결, 청아, 청량, 청정, 청검, 청렴 등과 같이 자주 쓰이는 말이다. 정성껏 차를 간수하고 다구를 청결히 다루는 것은 맑은 맛을 내기 위한 첫째 조건일 것이다.

온(溫: warm, mild, modest)

우리 차를 말할 때 떠오르는 세번째 이미지는 따뜻함이다. 차의 본질은 차갑다고 한다. 이 차가움을 따뜻함으로 보하면서 가장 마시기 쉬운 상태를 유지하는 것이 우리 차법이다. 중국인들은 숙우를 쓰지 않고 끓는 물을 찻잎에 직접 들이붓고 차관이 식지 않도록 차관 위에 끓는 물을 철철 넘치도록 부어가며 마신다. 일본식 다도를 대표하는 말차는 우리 차보다는 훨씬 낮은 온도로 마신다. 우리 차의 온도는 중국과 일본의 중간에서 뜨겁지도 차지도 않은 따뜻함이다. 따뜻함은 물의 온도만을 뜻하는 것은 아니다. 물 대용이나 약용으로 혹은 도의 방편으로 마시는 차와는 달리 우리 차는 편한 자리에서 정다운 손님과 함께 다담(茶談)을 나누는 편안한 분위기에 가장 어울린다. '화경청적'이나 '정행검덕'과 같은 경직된 분위기보다 온유하고 원만하며 공손하고 온당한 분위기가 우리 차의 이미지인 것이다. 이러한 특징을 함축하는 말은 온(溫)이다. 온은 따뜻함, 부드러움, 데움, 화함, 온자함 등의 훈을 가졌고 온유, 온화, 온기, 온량, 온정, 온후 등의 단어로 즐겨 쓰인다.

공(恭 : polite, courteous, humble)

우리 차의 색향미를 좌우하는 가장 중요한 요소는 무엇일까. 네번째 특징을 여기서 찾고 싶다. 좋은 차맛을 내기 위해서는 차의 원잎이 가장 중요하다고도 하고 혹은 찻잎을 가공하는 기술이 제일 중요하다고도 한다. 물의 중요성을 첫번째 꼽는 사람도 있고 팽주의 손맛을 강조하는 사람도 있다. 어느 하나 중요하지 않은 것은 없다. 그러나 이 모든 과정에 공통적으로 필요한 요소이며 차맛을 결정짓는 최종적인 요소는 차인의 정성이라고 생각한다. 찻잎을 따는 손끝의 정성, 불 가늠을 하면서 알맞게 찻잎을 덖어내는 농부의 조심스러움, 좋은 물을 구해 적절한 온도를 유지하면서 잘 간수해온 차를 우려내는 겸손함, 그리고 스스로를 낮추며 마주 앉은 손님에게 맛있는 차를 대접하고자 하는 공손한 마음가짐이 바로 정성스러움의 표출이다. 이러한 마음으로부터 찾아낼 수 있는 네번째 글자는 공(恭)이다. 공은 공손함, 공경함, 엄숙함, 받듦 등의 훈을 가지며 공검, 공겸, 공순, 공대, 공경 등에서와 같이 쓰이는 말이다. 차를 대하는 기본적인 자세 및 차를 우리고 마실 때 지켜야 할 마음가짐을 이 단어로 표현할 수 있을 것이다.

이와 같은 순서로 '순청온공(純淸溫恭)'의 네 글자를 나열해볼 때 순과 청은 중정에서 정의 개념을 포함하고 온과 공은 중을 표현한다고 볼 수 있다. 순과 청이 차 자체의 순수함과 맑음을 표상한다면 차를 다루는 차인의 심성과 행위는 온과 공으로서 상징되는 것이다. 일본 다도나 중국 차법과 다른 우리 차문화의 특징을 가장 잘 표상할 수 있는 글자로 '순청온공'을 제시하면서 진정으로 우리 차를 사랑하는 마음과 차문화를 일구어가야 할 사명이 이 네 글자와 함께 살아나기를 소망한다.

한류문화 속에서의 전통녹차의 미학

글머리에

미국 전역에 산재해 있는 이민 2, 3세에게 한국어와 한국문화를 가르치기 위해서 자발적으로 설립한 학교들이 한국학교 혹은 한인학교이고, 이들 학교 교사들의 모임이 '재미한인학교협의회'이다. 창립 25주년을 맞는 2006년도 '재미한인학교협의회'의 학술대회 주제는 '세계 속의 한류문화와 창조적인 정체성 교육'이다. 아름다운 한국의 전통문화를 미국으로 연결시켜 2세들에게 한민족으로서의 정체성을 찾아주기 위한 창조적 교육을 어떻게 실천할 것인가를 함께 고민해보자는 취지로 정했을 것이다. 1990년대 중후반, 중국에서 비롯되어 일본을 거쳐 동남아 전역으로 확산된 후 이제 미대륙에까지 상륙한 한류문화의 놀라운 운동력을 경험하고 있는 지금, 시의 적절하고 뜻깊은 주제라고 생각한다.

한류문화를 구성하는 중요한 흐름 중의 하나로 차문화가 있다. 한반도에 차가 전래된 후 천사백여 년간 면면히 지속되어온 우리 녹차의 매력은 무엇인가. 전통녹차가 간직한 진정한 매력을 부모들이 느낄 수 있을 때 후손들에게 자랑스러운 전통이 연결되어 한류의 도도한 흐름을 타고 한국 고유의 차문화가 미국 땅에서도 꽃필 수 있을 것이다. 녹차를 중심으로 한민족의 정체성을 발견하고 이를 시공간적으로 연결시킬 수 있다면 이민 2, 3세를 대상으로 한 창조적인 정체성교육으로서 이보다 더 효과적인 방법이 있을까. 이 글에선 먼저 한류문화에 대한 개념을 간단히 짚어보고 차문화가 왜 한류문화와 연결되는가를 따져본 후 우리 차문화의 중심에 서 있는 녹차의 아름다움과 그 미적 가치를 찾아보고자 한다.

한류 혹은 한류문화

한류가 무엇을 지칭하는지, 한류문화가 무엇을 의미하는지에 대해서는 명확한 정의가 내려져 있지 않다. 사용하는 사람이나 장소에 따라 범위와 내용이 다르고 관점에 따라서 가치판단도 달라진다. 한류가 한국인에 의해 형성된 한국적 문화라는 데에는 별다른 이의가 없을 것임에도 불구하고 한류문화와 한국문화가 구별되어 사용되는 경우가 많은 것은 다음과 같은 이유 때문일 것이다. 첫째로 한류 혹은 한류문화란 용어는 한국이 아닌 중국과 일본 등에서 먼저 사용된 후 한국으로 역수입

되었다는 사실에 주목할 필요가 있다. 1996년 인기 드라마인 〈사랑이 뭐길래〉가 중국에서 처음 방영되어 시청자들의 호평을 받고 이러한 인기가 1998년부터는 남성 댄스그룹인 '클론'의 가요로 확대된 후 베이징의 언론매체들이 처음 사용하기 시작한 용어가 '한류'인 것으로 알려져 있다. 어쩌면 중국문화를 주류로 보고 한국에서 흘러들어온 이방문화를 한류라고 불렀을 가능성이 크다. 그러나 2001년 일본 가요계에 보아가 등장하고, 배용준, 최지우가 주연한 〈겨울연가〉가 2002년부터 방영되어 일본 시청자들을 사로잡은 후 〈천국의 계단〉 〈대장금〉 등 후속 드라마를 통하여 중국, 일본뿐 아니라 베트남, 필리핀, 홍콩, 태국 등 동남아 각국으로 요원의 불길처럼 번져나가면서, 한류는 중국의 변방문화라는 소극적 의미를 탈피하여 '한국에서 발원한 동남아문화의 새로운 주류'로 자리매김하기 시작한 것이다. 이러한 면에서 한류문화는 한국을 뛰어넘어 국제적 전파력을 보유한 한국문화라고 볼 수 있다.

두번째로 한류문화가 한국문화와 구별되는 점은 대중성을 바탕에 깔고 있다는 것이다. 이는 한류문화가 전통무용이나 전통음악 등 특정 계층이나 세대에만 어필할 수 있는 클래식한 성격보다는 청년층과 중장년층, 노년층에 이르기까지 다중 세대가 공감할 수 있고 국경을 초월할 수 있는 보편성과 대중성을 획득했다는 것이다. 한류문화가 남녀 간의 사랑과 역사적 사실 등을 소재로 한 TV 드라마로 시작하여 댄스음악을 거쳐 캐릭터와 애니메이션, 온라인게임과 최근에는 비보이나 비트박스로 진화하면서 중국, 일본, 몽골, 동남아 화교권, 러시아, 이슬람

권에 이르기까지 중장년층과 청소년세대에 광범위한 영향력을 확대해 가고 있는 것을 주목할 필요가 있다.

한류문화가 단순한 한국문화와 구별되는 세번째 특징을 그 현대성에서 찾을 수 있다. IT를 바탕으로 한 음향 촬영 장비, 무대장치, 전송설비 등 현대적인 기술 없이 한류의 확산을 기대할 수는 없었을 것이다. 드라마 구성과 음악 편곡, 시각적 이미지 표현 등 기술과 인재들의 결집에 의해 이루어지는 첨단화된 한국적 문화코드는 동남아 국가들이 가장 본받고 싶어하는 경제발전 모델로 떠오른 한국에 대한 동경이나 한국인에 대한 선망과 무관하지 않을 것이다. 동일한 불교와 유교 문화의 뿌리를 공유해온 아시아권 인접 국가라는 데서 오는 정서적 공감, 한국 배우와 가수들의 캐릭터가 풍기는 카리스마, 격렬하면서도 섬세한 춤 동작과 한국적 정감이 서린 슬픈 멜로디와의 절묘한 조화에 변화무쌍한 재미를 선사해주는 스토리텔링 기술까지가 함께 어우러진 종합문화 형식이 한류문화의 특징이라고 말할 수 있을 것이다.

이러한 특징들은 결코 우연히 이루어진 것이 아니다. 한류문화의 배경에 한국의 역사와 지리, 기후가 깔려 있고 수천 년 내려온 민족의 한이 서려 있으며 전통적인 세시풍속과 관습, 음식, 의상, 건축, 가무음곡, 예술 등이 혼합되어 한국인만이 발휘할 수 있는 독특한 문화적 속성으로 집약된 후 2000년대에 접어들어 비약적으로 발전하기 시작한 IT 기술과 접목하여 문화와 기술의 결합이라는 거대한 흐름으로 이어진 것이 한류문화의 현주소일 것이다.

한류문화 속에서의 전통녹차의 중요성

한류문화를 이렇게 정의해볼 때 이는 한국문화의 고전적 정의에 공간적으로 확대되고 시간적으로 연장된 운동적 개념이 덧붙여진 것이라고 볼 수 있다. 다시 말해서 전통에 바탕을 두고 한반도를 중심으로 한국인에 의해 형성된 정체성을 가진 문화가 반도 밖으로 확대되고 고전에서 현대에 이르는 컨템퍼러리(contemporary)성을 획득한 것이 곧 한류문화인 것이다.

차문화도 예외가 아니다. 신라 혹은 가야 시대에 중국 내지 인도로부터 한반도에 전래된 것으로 알려진 차는 한반도의 기후와 지형에 맞게 적응되고 우리 식생활 풍속에 알맞게 개량되어 한국 고유의 녹차문화를 형성하였다. 녹차는 중국과 일본에서도 생산되고 있지만 한국녹차는 제조방법과 마시는 방법이 다르며 차에 대한 인식과 태도도 다르다. 이를 '한류 차문화'라고 이름 붙여도 좋을 것이다. 발효차 중심의 중국식 다반사적 차문화, 증차 중심의 의식화된 일본식 다도문화와 비교되면서 실용주의와 자연주의에 기초하고 있다는 점이 녹차 중심의 우리 차문화의 특징인 것이다.

한류 차문화의 첫번째 특징은 잎차 중심이라는 것이고, 두번째 특징은 향기나 색깔보다 맛을 중시하는 실용적 측면을 강조하고 있다는 점이다. 세번째 특징은 자연주의 혹은 자연스러움에서 찾을 수 있다. 무위자연을 이야기하면서 인위적인 것을 배제한 자연 그대로의 상태 혹은 가장 자연스럽게 사는 삶을 최고로 본 장자 철학이나 예술을 자연의 모방 혹은 자연을 구현하고자 하는 인간적 노력으로 보고 있는 서양적 예술관과도 통하는 것이 한류 차문화의 바탕철학이다. 노자가 세상에 존재하는 만물 중에서 사람, 땅, 하늘, 도의 네 가지를 가장 큰 것으로 보고 "사람은 땅의 법을, 땅은 하늘의 법을, 하늘은 도의 법을, 도는 자연법을 따른다(人法地 地法天 天法道 道法自然)"고 말한 것도 같은 맥락에서 이해할 수 있는 것이다. 요즘 전 세계적으로 확산되고 있는 웰빙, 유기농산물, 요가, 대체의학 등에 대한 관심에서 볼 수 있는 바와 같이 자연스러움이야말로 인류에게 가장 소중하고 아름다운 것으로 인식되어가고 있다. 자연스러움을 기본으로 하는 한류 차문화의 우수성을 강조하는 이유도 여기에 있는 것이다. 이제 한류 차문화의 아름다움을 다음 다섯 가지 측면에서 구체적으로 살펴보기로 하자.

우리 녹차의 다섯 가지 아름다움

한류 차문화의 다섯 가지 아름다움(五美)은 차향(香)과 차색(色), 차미(味)와 차효(效) 그리고 다기(器)를 말한다. 효는 차가 인체에 미치는 효능의 아름다움을 칭송하는 것이고 다기는 차를 우려내는 다기로부터 찾아낼 수 있는 아름다움을 말한다.

차향은 추사가 '정좌처 다반향초'라고 묘사했던 대로 차색을 보거나 혀끝이 맛을 느끼기 전에 멀리서도 알아챌 수 있으며 눈을 감고 있을 때 더욱 잘 드러나는 아름다움이다. 인체 중에서 코만 느낄 수 있는 감각이지만 차인들이 오래전부터 '향내를 맡는다'고 할 때 '문향(聞香)'이란 말을 애용해오고 있는 것을 보면, 차향이란 코로 맡을 수 있는 좋은 냄새라는 실용적 측면과 함께 고요한 가운데 귀로 들어야만 알 수 있는 정신의 향기를 강조한 것은 아닐까 한다. 도를 들어 깨친다고 할 때 '문도(聞道)'란 말을 쓰는 것과도 같은 이치일 것이다.

향기가 귀와 코의 합작이라면 색은 눈의 몫이다. 불소의 황금색과 엽록소의 푸른색이 따뜻한 물 속에 함께 용해되면서 이루어내는 맑은 녹황색은 부드럽고 싱싱한 자연의 아름다움을 보여준다. 제조과정에서 엽록소가 파괴되어버린 중국의 오룡차나 홍차 등 발효차들이 녹색 대신 진한 황색을 띠는 데 비해 우리 차에 살아 있는 녹색은 이른 봄, 생명을 다시 싹틔우는 자연 그대로의 빛깔이다. 발효차의 주황색이 강하고 꽉 찬 느낌을 갖게 한다면 녹차의 연녹색은 부드럽고 차분하여 어딘가 비어 있는 여유를 느끼게 하고 녹차 자체가 갖는 찬 성질을 보존하고 있으면서도 따뜻한 물 때문인지 차갑기보다는 포근하고 정겨운 느낌을 주는 것이다.

우리 차가 아름다운 세번째 이유는 독특한 맛 때문이다. 혀가 느끼는 차맛의 아름다움은 흔히 다섯 가지 맛의 조화 때문이라고 말해진다. 차가 포함하고 있는 탄닌(카테킨) 성분 때문에 쓴맛과 떫은맛이 나고 비타민 C는 신맛을, 염소 성분이 짠맛을, 전분 등 탄수화물과 아미노산이 단맛을 낸다. 차를 마시는 사람들은 대개는 차가 구수하거나 맑고 쌉쌀

하다는 느낌을 갖고 있고 때로 단맛을 느끼기도 한다. 물이 너무 뜨거웠을 때 떫은맛이 난다거나 차를 오래 우려낼 때 쓴맛이 강해진다는 것을 아는 사람도 간혹 있다. 잘 덖어진 차와 맑은 물 외에 팽주로서의 정성과 손맛을 낼 수 있는 오랜 경험, 또 미묘한 맛의 차이를 분별할 수 있는 혀끝의 예민함이 아름다운 차맛을 즐기는 데 중요한 요소들이다. 차 자체가 갖고 있는 각각의 성분들이 맑은 물을 만나 따뜻한 온도 속에서 스스로 융화하며 만들어내는 신비스러운 맛은 다른 어떤 음료나 어느 나라의 차도 흉내 낼 수 없는 우리 녹차의 진정한 아름다움인 것이다.

차가 아름다운 네번째 이유는 현대인의 건강에 미치는 효능 때문이다. 차의 향과 색과 맛이 오감을 자극하는 표면적 아름다움이라면 차효는 차 자체가 우리 몸의 곳곳에 침투하여 작용하는 효능의 아름다움이다. 허준은 『동의보감』에 "녹차는 열기를 내리고 소화를 도우며 변을 이롭게 하고 머리와 눈을 맑게 한다. 또한 녹차는 갈증을 덜어주고 잠을 적게 하며 온몸의 독을 풀어준다. 이에 통증이 있으면 찻물로 양치를 하는 것이 좋다"라고 설명해놓고 있다. 최근의 자료들을 보면 2002년 『타임』 지는 세계 4대 건강식품에 마늘, 토마토, 와인과 함께 녹차를 포함시켰고 2003년 하버드 의대 연구팀은 녹차가 인체의 면역물질(인터페롤 감마)을 획기적으로 증가시킨다는 임상실험결과를 발표한 바 있다. 또한 존스홉킨스대를 비롯한 여러 연구팀들은 녹차가 항암, 항산화, 콜레스테롤 수치 저하, 혈압상승 억제에 특효가 있는 카테킨을 가장 많이 함유하고 있고, 녹차 100그램 중에는 500밀리그램의 비타민 C(고추

300밀리그램, 시금치 64밀리그램, 귤 30밀리그램, 사과 10밀리그램과 비교)와 30밀리그램의 비타민 E를 함유하고 있다는 연구결과를 발표한 바도 있다. 조지아대 연구팀은 녹차가 피부세포의 재생 및 증식을 촉진하여 피부미용에 효력이 있다는 연구결과를 발표함으로써 중국 4대 미녀인 서시, 양귀비, 왕소군, 초선 등이 녹차를 애용하고 녹차목욕을 즐겼다는 속설을 뒷받침해주고 있다. 오랫동안 차인들 사이에 알게 모르게 전승되어오던 다양한 효능들이 현대과학의 힘을 통해 비밀스런 베일을 하나씩 벗어가고 있다는 것은 신기한 일이다.

차의 미를 논할 때 다기가 주는 아름다움을 빠뜨릴 수 없다. 다관과 숙우, 찻잔과 차호, 다시(茶匙), 퇴수기(退水器) 등이 찻상 위에 가지런히 정렬되어 있는 모습은 그 자체가 빼어난 아름다움이고, 이러한 다기의 근원적인 아름다움으로부터 향, 색, 미, 효의 다른 네 가지 아름다움이 배어나온다고도 할 수 있다. 어느 봄 '흙의 마음'이란 주제로 서울에서 열린 다기전시회를 둘러보면서 한 도공이 몇 개월간의 묵언(默言) 속에서 구워낸 청자와 백자, 분청사기로 꾸민 다기들에서 느꼈던 감동을 지금도 나는 잊을 수 없다. 그중에서도 매화꽃 가지 두 개가 상감으로 입혀진 자그마한 키의 '분청사기 물항아리'를 관조하면서 '잔에서 매화향기가 난다'던 어느 시인의 말을 떠올렸고, 그 옆에 같이 놓여 있던 희다 못해 푸른빛까지 감도는 달덩이같이 둥근 '백자 물항아리'에선 잊혀진 어린 시절의 그리운 얼굴을 떠올릴 수 있었다. 중국 다기의 세밀함이나 일본 다기의 화려함과 다른 우리 다기의 자연스러움이 우리 차의 아름다움을 돋보이게 하는 또하나의 요소일 것이나.

글을 맺으며

한강의 기적에 이어 반도체 신화를 창조하면서 셀룰러 폰, LCD, PDP TV 등 IT를 넘어 BT(Bio Technology), NT(Nano Technology), FT(Fusion Technology) 등 신세계로 도전해가며 세계 10위권의 경제대국으로 도약하고 있는 한국 경제의 표면적 현상에 뿌리 깊은 문화적 배경이 도사리고 있다는 것을 간과해선 안 된다. 그 문화적 힘의 발현이 한류문화이고 그 중심 어딘가에 차문화가 있다는 것을 깨달아야 할 것이다. 한국녹차가 가지고 있는 아름다움을 우리들이 먼저 발견하고 이를 생활 속에서 실천하며 사랑스러운 2세들에게 이 자랑스러운 전통을 전승하는 과정에서 그들과 하나가 되고 한국인으로서의 정체성이 찾아지기를 바라는 마음 간절하다.

동아시아 녹차문화권의 형성을 바라보며

'차' 명칭의 보편성

'차(茶, Cha)'는 한국, 중국, 일본의 공통어이다. 비단 동아시아에 위치한 이 3국뿐만이 아닌 세계 공통어라고도 할 수 있겠다. 예컨대 러시아와 몽골, 아라비아, 터키 등에서는 차이(Chai 또는 Chay)라 하고 서방으로 가면 Tea(미국, 영국), Te(이태리, 스페인, 노르웨이, 스웨덴), Tee(독일, 핀란드), Tey 또는 They(인도, 스리랑카)라고 한다. 우리말로도 '茶'라는 문자를 경우에 따라 '차(Cha)' 또는 '다(Tha)'라고 발음하는 것을 보면 '차'라는 단어만치 세계적 공통성을 갖는 것이 또 있을까 하는 생각에 놀라움을 금할 수 없다. 중국 남서부 내륙 깊숙이 윈난지방에서 처음 발견된 차나무가 동으로 중국, 한국, 일본으로, 서로는 인도, 아라비아, 유럽으로 뻗어나가면서 동양에서는 녹차문화, 서양에서는 홍차문화를 각각 형성했다. 홍차가 커피와 함께 서구인들의 대표적인 기호품이 되어 있지만 차의 원형은 녹차이고 세계 차문화의 중심은 동양, 그중에서도 차의 원조라 할 수 있는 중국과 일찍이 차를 받아들여 이를 토착화하면서 독특한 자국의 차문화를 발전시킨 한국, 일본에 있다고 볼 수 있다.

한중일 3국 차의 간단한 역사

중국 고대 삼황오제 시대의 '신농(神農)'은 세계적으로 차의 시조로 일컬어진다. 그는 본래 농사와 의약을 관할하였는데 기원전 2737년 찻잎을 해독제로서 처음 사용한 것으로 알려져 있다. 350년에 발간된 중국 사전에는 차를 "잎을 끓여서 우려내는 음료"라고 정의하고 있고 한때는 그 희귀성 때문에 벽돌 형태로 만들어진 차가 화폐로 통용되던 시대가 있었다고도 전하여진다. 당나라 중기인 780년, 중국에서 다성으로 추앙되는 육우는 『다경』이란 최초의 다서를 펴내었다. 이 책은 차의 재배에서부터 제조, 저장, 품평, 음다에 이르기까지 모든 과정을 상세하게 기록한 고전으로 중국, 한국, 일본 차의 원형을 연구하는 데 귀중한 자료가 되고 있다.

차는 중국을 왕래하는 인접국가와의 문화적 교류를 따라 자연스럽게 한국과 일본으로 흘러들어갔다. 일설에는 한국의 차가 서기 48년, 인도를 통해서 남해안을 따라 번성하던 가야국으로 전래되었다고 하나 문헌상으로는 6, 7세기 신라시대 중국으로부터 전래된 것으로 기록되어 있다. 『삼국유사』는 신라 선덕여왕이 차를 즐겨 마셨고 문무왕은 예불시 헌다를 지시했으며 당시의 유명한 학자인 설총은 신문왕에게 정신을 맑게 하기 위해서 차 마실 것을 권했다고 기록하고 있다. 『삼국사기』는 828년, 중국에 사신으로 다녀온 대렴이 차씨를 가져오자 홍덕왕이 지리산 근처에 파종을 명한 것으로 기록하고 있다. 이 땅에서 차가 자라면서부터 음다 풍속이 성행하기 시작했고 오늘날까지도 지리산 남쪽의 화개와 보성 지역들이 차의 주산지가 되어 있다.

신라를 이은 고려왕조는 불교국가였다. 불교가 융성함에 따라 차문화 역시 꽃을 피운 시대였으며 차는 왕의 시혜품으로, 예불을 비롯한 국가의 공식행사에서의 진상품으로 널리 쓰였다. 다선일체란 말 그대로 차는 선의 정신을 표현할 뿐 아니라 그 각성작용 때문에 수행중인 승려들에게 필수품으로 애용되고 일반인들에게도 보급되어 시중에 다원(여관)과 다점(다방)들이 운영되었다. 조선왕조가 고려를 대체한 후부터 차는 수난기를 맞는다. 불교가 쇠퇴하고 유교가 국가의 지배원리로 자리잡으면서 차문화 역시 쇠퇴일로를 걷기 시작한 것이다. 차에 대한 과중한 세금 부과는 농민들로 하여금 차농사를 기피하게 하는 원인이 되었고, 특히 일본의 한국 침략으로부터 비롯된 임진왜란은 조선의 국토와 민생을 황폐화시킨 것은 물론 전쟁중에 한국의 도공들이 대거 일본으로 납치되어가면서 도자기문화와 함께 차문화도 한동안 실종되고 말았다. 후세 사가들이 임진왜란을 '도자기전쟁'이라고 부르는 이유가 여기에 있다.

전란 이후 이백여 년간 실종되었던 한국의 차문화는 19세기 초, 조선의 실학자 다산 정약용과 걸출한 대승 초의 장의순에 의해서 되살아난다. 전남 강진에서 십 년간이나 유배생활을 하고 있던 다산은 만덕산 아래 다산초당을 짓고 사람들을 가르치며 차에 관한 서적과 논문들을 집필했다. 때마침 멀지 않은 해남 대흥사 부근에 일지암을 짓고 은둔해 있던 초의가 그를 방문해 차와 다담을 나누며 차를 매개로 유교와 불교의 사상적 차이를 뛰어넘은 차인 간의 교유가 깊어간다. 초의는 입적할 때까지 사십 년간 일지암에 머물면서 한국 차의 명저로 손꼽히는 『동다송』과 『차신전』을 집필하여 자연주의와 실질주의를 근간으로 하는 고유의 차문화를 일으켜세운 중흥조로서 추앙받고 있다.

차에 관한 최초의 일본 문헌은 9세기경에 나타난다. 한국과 마찬가지로 일본의 차도 선불교와 함께 중국에서 전래된 것으로 알려져 있으나 한편으로 7세기 말 백제가 신라에 멸망한 후 왕족을 포함한 많은 유민들이 당시 교역과 문화교류가 활발했던 일본으로 대거 망명하면서 융성했던 백제문화와 함께 차를 포함한 불교문화가 전파된 것으로도 추정된다. 일본에서의 차문화는 서기 1191년 불승인 에이사이가 송나라에서 돌아오면서 차씨를 가져와 교토 북서쪽에 있는 고산사(高山寺)에 파종할 때까지는 크게 번성하지 못했다. 신라의 대렴이 차씨를 지리산 부근에 심은 것보다 약 삼백육십 년이 뒤지는 시기이다. 그때까지는 중국으로부터 수입되는 차의 양이 워낙 적어서 귀족들과 불가에서나 겨우 음용할 수 있는 정도였다고 한다. 에이사이는 1214년 일본 최초의 다서인 『끽다양생기喫茶養生記』를 저술하는 등 일본차의 시조로 알려져 있다. 오늘날 세계적으로 널리 알려진 일본 차도 차노유는 당시의 군벌인 오다 노부나가와 도요토미 히데요시의 보호를 받던 센 리큐(千利休)에 의해서 기틀이 닦였다. 그는 차와 일본 전래의 시문, 화예, 건축, 도예 등을 연결시켜 다기, 행다법 등 일본 차도의 기초를 닦았으며 자손들에 의해 대대로 계승되면서 일본 차도의 핵심이 되었다. 그러나 본격적인 일본 차문화의 발흥은 전술한 바대로 도자기전쟁으로 불리는 임진란 이후 일본으로 끌려간 조선 도공들에 의한 도자문화의 발전과 맥을 같이 하는 것으로 알려져 있다.

한중일 3국 차의 유사성과 차이점

제조법과 차의 향, 색, 미

차나무는 대엽종과 소엽종으로 나뉘긴 하지만 모두 한 종류에 속하며 제조방법에 따라 비발효차인 녹차와 중간발효차인 황차, 완전발효차인 홍차 등으로 분류한다. 서양의 차는 모두가 홍차이고 한국과 일본차는 대부분 녹차인데 비해 중국에선 녹차와 황차를 골고루 생산한다. 중국산 보이차와 오룡차, 철관음차, 무이차 등은 모두 발효차들이고 용정차, 벽라춘 등은 녹차에 속한다. 동양의학의 음양이론으로 볼 때 가공 이전의 찻잎이나 녹차는 '음(陰)'의 성질을 갖는데 발효과정에서

'양(陽)'으로 바뀐다. 한국과 일본은 전통적으로 녹차를 애용해왔지만 녹차의 제조방법은 다르다. 한국차는 가마솥에 불을 지펴 볶아내는 덖음차이고 일본차는 찻잎을 수증기로 쪄내는 증차이다. 찻잎의 가공법에 따라 차의 향, 색, 미가 달라진다. 발효도가 높아지면서 차색은 녹색에서 황색으로, 다시 황색에서 홍색으로 변해간다. 맛 역시 녹차가 연하고 부드럽다면 발효도가 높아갈수록 진하고 강해진다. 향기 또한 비슷한 변화를 겪는다.

일반적으로 중국의 차인들은 차향을 중시해서 차그릇 중에 향기를 맡기 위한 향기잔을 별도로 구비하는 경우가 많고 일본의 차인들은 차색을 중시해서 연녹색보다 진한 녹색을 선호한다. 향기나 색을 돋우기 위해 제조과정에서 향료와 색료를 첨가하는 경우도 있는 것으로 알려져 있다. 이들에 비해 한국의 차인들은 은은한 향기와 연한 녹색을 좋아하고 본래의 찻잎이 가지고 있는 자연 그대로의 향기와 색을 즐긴다. 느껴질 듯 말 듯한 향기, 보일 듯 말 듯한 색깔, 인위적이 아닌 자연적인 차맛을 최고로 친다. 마시는 방법 또한 다를 수밖에 없다. 발효차는 차탕을 하거나 끓는 물을 그대로 찻잎에 부어 뜨겁게 마신다. 일본의 다도는 녹차 잎을 가루로 내어 다완 혹은 차완(茶碗)이라 부르는 대접에 덜어내고 물을 부은 후 다선이라 부르는 솔로 거품이 날 때까지 저어 마신다. 한국차는 녹차 잎을 다관에 넣은 후 섭씨 6, 70도 정도로 식힌 물을 부어 우러날 때까지 이삼 분간 기다렸다가 찻잔에 부어 마신다. 증차법으로 제조된 녹차 잎은 우려낸 후에는 삶은 시금치처럼 축 늘어져 다른 용도로 쓰기가 어려운 데 비해 덖음차는 찻잎을 여러 번 우려 마신 후에도 잎 모양이 싱싱하게 살아 있어 음식용으로도 재활용이 가능하다는 장점을 가지고 있다.

차의 의식과 다기

다도 혹은 차도란 말은 본래 일본에서 유래된 말이다. 검도(劍道), 유도(柔道), 서도(書道) 등에서와 같이 기술성과 정신성이 함께 요구되는 분야를 '도'라고 칭하는 것은 일본문화의 한 가지 특색이다. 동일한 대상을 한국에서는 검술(劍術), 유술(柔術), 서예(書藝)라고 불러왔고 중국에서는 검법, 서법이란 표현을 쓰고 있다. 이렇게 볼 때 불가에서 수행의 한 방법으로 사용되던 차에 '도'를 붙인 것은 자연스러운 일본식 발상법이다. 중국에서는 다도라기보다는 다법(茶法)이 익숙하게 쓰이고 한국에서는 전통적으로 다례 혹은 차례란 말이 사용되어온 것과 비교될 수 있다. 불전에서 부처님께 차를 올리는 의식을 헌다례(獻茶禮)라 하고 명절 제사상에서 조상님께 차를 올리는 의식을 차례(茶禮)라 불러온 것이다. 요즈음 한국에서 일본식 다도가 일부 차인들 사이에 유행하고 있는 것은 인접국가의 문화를 배운다는 면에서는 좋은 일이다. 그러나 그 밑바닥에 '한국엔 다도가 없었기에 일본 것을 배워야 한다'란 의식이 깔려 있거나 배후에 '일본이야말로 다도의 원조'라는 왜곡된 정보가 들어 있다면 잘못된 것이고 경계해야 할 일이다. 한국에 일본식 다도가 없고 중국에도 일본식 다도가 없는 것은 당연하다. 그 대신 한국엔 한국식 다례가 있고 중국엔 중국식 다법이 있다는 사실을 인식해야 할 것이다.

중국—다법에서 다사로

중국식 다법은 그 근원을 육우의 『다경』에 두고 있다. 이 책은 전문이 10장으로 되어 있는데 크게 두 부분으로 나눌 수 있다. 한 부분은 차의 근원(根源)과 차에 관한 고사(故事) 등 차 지식을 정리해놓은 것(1, 7, 10장 등)이고, 나머지 부분에서는 차의 산지, 차 만들기, 차의 도구와 그릇, 차 달이기, 차 마시기, 쉽게 마시기 등의 주제들(2장~6장, 8~9장)을 다루면서 차를 옳게 마시는 방법을 상술하고 있다. 다실에서의 의식을 주로 다루는 일본식 다도와 달리 차의 효용을 일차적으로 약용에 두고 올바른 차 마시는 법에 주안점을 두고 있는 것이다. 다경에 나타난 중국식 다법의 특징은 차에 관한 정확한 지식과 차를 대하는 검박한 자세로 요약할 수 있다. 차를 올바르게 마시고 그 효용을 극대화하기 위해서 정확한 차 관련 지식의 습득과 함께 소탈하고 검소한 차인의 덕을 강조하는 것이다. 차인들은 한국, 일본과 대비되는 중국차의 특성을 정행검덕으로 표현한다. 그러나 중국에서의 차 역사가 그로부터 1200년이나 경과하면서 차 생산이 비약적으로 증가하고 차생활이 보편화되면서 차문화의 특색에도 많은 변화를 가져왔다. 육우의 본래 주장과 달리 차는 모든 음식과 곁들여지고 차의 제조 시 다른 약초들과 섞이는 일이 흔해지면서 점차 그 순수성을 잃어갔으며 정행검덕의 차정신은 '다반사 문화'로 변모되기 시작한 것이다. 오늘날 중국에서의 차생활은 다법이라기보다는 '다사(茶事)'라는 표현이 적합할 정도로 물을 대신하는 음료로서 일상화되어 있다고 볼 수 있다.

일본—차를 통한 도의 추구

일본의 다도는 중국과는 다른 위치에 서 있다. 약으로서의 효능이나 음료로서의 기능이 무시되는 것은 아니지만 이보다는 그 정신적 성격이 강조된다. 일본의 차가 중국의 선불교로부터 영향을 받았으며 에이사이나 무라다 슈코, 센 리큐 등이 모두 출가 승려이기에 수행방법으로서 차의 정신적 가치가 일찍부터 일본 다도의 바탕에 자리잡았기 때문이다. 사백여 년 전 센 리큐가 일본 다도의 규칙을 정하면서부터 화경청적은 일본 다도를 대표하는 용어가 되어버렸다. '화'와 '경'은 행다에 있어서, '청'과 '적'은 다실과 다기에 대한 차인의 태도를 함축하고 있다고 말한다. 일본 다도에서는 중국의 덩이차(團茶)나 한국의 잎차(葉茶)가 아닌 말차, 즉 가루차를 쓴다. 중국의 송, 한국의 고려시대 이후에는 사라진 가루차의 전통이 일본에선 그대로 계승된 것이다. 차 가루를 한국 전래의 대접 모양으로 생긴 다완에다 물에 개어 마시는데 이 과정이 극히 기교적이고 의식화되어 있다. 다실의 구조와 다실의 치장, 다구의 위치, 차를 마실 때의 절차, 다실 내에서의 행동거지 등이 모두 엄격한 순서와 격식에 따르게 되어 있어 차를 마시는 행위라기보다 일종의 퍼포먼스나 관광 상품으로서의 가치를 갖는 것이 일본식 차문화의 특색이라 볼 수 있다.

한국—다사와 다도의 종합과 조화

지리적으로 한국이 중국과 일본의 중간지점에 위치해 있는 것같이 차문화 역시 한국은 중국과 일본의 중간지점에 존재하면서 독특한 모습을 간직하고 있다. 양국 간의 조화와 균형을 실천하고 있는 것이다. 차가 도입된 시기가 그렇고 차그릇의 크기만 보아도 중국이 가장 작고 일본이 가장 크다. 차 마시는 법이 중국이 극히 일상적이라면 일본은 극히 의식화되어 있고 한국은 표현의 멋과 실용의 양면을 모두 버리지 않으면서 양자 사이의 절묘한 조화를 얻어내고 있다. 우리 차문화의 특징은 자연주의와 실질주의 두 가지로 요약될 수 있다. 여기에서 자연주의란 제조에서 행다까지 모든 과정에서 차 본래의 자연성을 완벽하게 살려내고자 한다는 뜻이고, 실질주의란 형식에 얽매이지 않고 차 본래의 효용과 가치를 중시한다는 것이다. 우리 차는 찻잎의 본 성분을 가장 잘 유지할 수 있는 덖음법으로 제조되고 그 과정에서 일체의 첨가물을 쓰지 않는다. 차를 마실 때 다식 외에는 다른 음식과 함께하지 않으며 차자리에서도 과도한 형식이나 절차를 배제한 채 자연스럽게 마시는 것을 제일로 친다. 또한 한국의 차인들은 향기나 색깔보다 맛을 중시하고 약효나 종교적인 수행가치보다 차의 본질을 잃지 않으려고 노력한다.

차는 맛이 있고 따뜻하며 머무는 자리를 여유롭게 하고 몸과 마음을 깨끗하게 한다. 노자가 물을 최고의 선으로 여긴 것처럼 물을 매개체로 삼아 자연과 사람을 연결해주는 차는 마음속의 다툼을 없애주고 모든 사람을 이롭게 한다. 한국의 차인들은 차가 가진 이러한 미덕을 발견하고 그 아름다움을 생활 속에 실천할 수 있는 마음가짐을 가장 중요시한다. 형식이 과도하면 차의 본질을 잃을 수 있고 차가 일상적인 행위로 떨어져버리면 본래의 아름다움을 보존할 수 없다는 것을 깨달았기에 길고 복잡한 의식에 매이지 않으면서도 그 행위가 일상사로 떨어지는 것을 거부한다. '지나치지도 않고 부족하지도 않은' 차생활의 조화가 중국과 일본 사이에서 우리 조상들이 발견한 지혜인 것이다. 중국의 정행검덕이나 일본의 화경청적과 비교할 때 한국의 차 정신은 순청온공의 네 글자로 요약할 수 있다. 순은 순수함이며 자연을 표상한다. 청은 맑음이며 은은한 녹차의 성질을 나타낸다. 온은 따뜻함이며 부드러움이다. 공은 자기를 낮추는 겸손이며 같이하는 사람들을 공경하는 예절이다. 순과 청이 찻잎과 차 자체의 순수함과 맑음을 표상하는 것이라면, 차를 다루는 차인의 심성과 행위는 온과 공으로서 상징된다고 볼 수 있다.

전통의 계승과 녹차문화권의 형성

한국과 중국, 일본의 차는 하나의 뿌리에서 시작되었지만 각각 다르게 발전해오면서 고유한 특성을 형성했다. 문화란 인위적으로 만들어지는 것이 아니고 그 땅에서 살아온 사람들에 의해 오랜 시간에 걸쳐 자연스럽게 숙성되는 유, 무형의 가치들이기 때문에 지역과 민족에 따라 다를 수밖에 없다. 각각의 지향점과 중시하는 부문이 다르기 때문에 어느 것이 더 우수한 문화라고도 말할 수는 없다. 현재의 달라진 모습들이 하나의 뿌리로부터 분화된 것임이 분명하다면 3국의 차문화를 하나로 통합해야 할 필요성이 있는 것은 아닐까. 오늘날 개방화와 세계화란 새로운 패러다임 아래 인적 물적 자본적 측면에서 국가 간의 경계가 허물어지는 것과는 달리 자문화의 정통성과 고유성을 찾으려는 움직임은 오히려 강화되어가는 추세를 보이고 있다. 한복과 한옥, 한지, 한식, 한글, 드라마 등을 통해 한류 브랜드를 세계화하려는 한국, 공자를 재평가하고 동북공정을 통해 고구려 역사까지도 자국의 일부로 편입하려는 중국, 중국과 한국으로부터의 문화 전파라는 역사적 사실을 애써 부인하고 일본문화의 신수성(神受性)에 집착하는 일본 등이 모두 여기에 해당할 것이다.

21세기에 접어들면서 유럽과 미국이 중심이었던 서양적 세계관의 축이 동양으로 선회할 기미가 예고되고 있다. 변혁을 가능케 하는 동력은 언제나 문화이며 동양문화는 유교와 불교, 도교라는 공통의 뿌리를 가지고 있다. 이 사상적 뿌리를 공유하면서 각각 현대화를 이룩한 한국과 일본, 중국이 앞으로의 변화를 주도해갈 것이란 예측은 충분히 가능하다. 동양문화의 중심에는 항상 차가 있었다. 차문화는 오랜 시간 속에서 성숙해온 보편적이고 종합적인 고급문화이기 때문이다. 동남아의 녹차국가인 베트남과 태국을 남방한계선으로 한중일을 중심으로 형성되는 녹차문화권을 장래의 문화동력화 할 수 있는 비전을 가져야 한다. 이렇게 볼 때 3국 차문화의 특성을 조화롭게 융합해갈 방법을 찾는 것은 이 시대의 흥미로운 화두가 될 수 있을 것이다. 어떻게 시작할 것인가.

차가 세 가지 성질을 모두 갖고 있고 차문화에도 세 측면이 있음은 전술한 바와 같다. 차를 정신수행의 방편으로 보는 것, 차에서 약리적 혹은 생리적 효용을 찾는 것, 차에서 삶의 멋과 아름다움을 발견하는 것, 이 셋은 하나의 차를 각각 다른 각도에서 바라보는 것이다. 일본은 첫번째 측면을 가장 강조하기에 차를 도의 경지로 승화시키며 엄격한 의식을 통해 일본 차문화를 시현하고자 한다. 중국은 차의 약효를 강조하고 물 대용으로 차를 이용하면서 생활 속에서 차의 덕을 발전시켰다. 한국은 차를 예(禮) 혹은 예(藝)로서 전승해오면서 차 속에서 자연과 하나 되는 삶의 멋과 맛을 찾고자 했다. 화경청적으로 대표되는 일본의 차문화를 차도라 하고 정행검덕으로 대표되는 중국의 차문화를 차덕이라 칭하고 순청온공으로 표현되는 한국의 차문화를 차미라고 부를 때, 차도와 차덕과 차미는 차의 세 가지 특성을 각각 반영하면서 하나로 융합될 때 포괄적인 동양의 차문화로서 완성될 수 있을 것이다. 차가 가진 본래의 자연성을 회복하는 일, 세 측면을 가진 차문화의 완전성을 이해하는 일, 다양성과 차별성을 넘어 그 바탕에 깔려 있는 보편성을 인정하고 자기중심과 독선에서 벗어나는 일, 이러한 일들이야말로 앞으로 3국의 차인들이 모여 찻잔을 비우듯 마음을 비우면서 함께 이룩해가야 할 문화사적 과업이 되어야 할 것이다.

문학동네 산문집
푸른 화두를 마시다—차인 이근수의 녹차 이야기

1판 1쇄 2008년 1월 25일
1판 2쇄 2014년 3월 21일

지은이 이근수 | 펴낸이 강병선
책임편집 오경철 이연실
마케팅 이연실 정현민 지문희 김주원 | 온라인 마케팅 김희숙 김상만 한수진 이천희
제작 강신은 김동욱 임현식 | 제작처 영신사

펴낸곳 (주)문학동네
출판등록 1993년 10월 22일 제406-2003-000045호
주소 413-120 경기도 파주시 회동길 210
전자우편 editor@munhak.com | 대표전화 031) 955-8888 | 팩스 031) 955-8855
문의전화 031) 955-1933(마케팅) 031) 955-2651(편집)
문학동네 카페 http://cafe.naver.com/mhdn | 트위터 @munhakdongne

ISBN 978-89-546-0455-0 03810

* 이 도서의 국립중앙도서관 출판시도서목록(CIP)은 서지정보유통지원시스템 홈페이지(http://seoji.nl.go.kr)와 국가자료공동목록시스템(http://www.nl.go.kr/kolisnet)에서 이용하실 수 있습니다.
(CIP제어번호: CIP2008000077)

www.munhak.com